님께

....

....

....

드립니다.

....

한 걸음을 걸어도 나답게

일러두기

이 책은 2013년 출간된 《나는 내일을 기다리지 않는다》의 내용 중 일부를 포함하고 있습니다.

한 걸음을 걸어도 나답게

오로지 자기만의 것을 만들어낸   강수진의 인생 수업

INFLUENTIAL
인플루엔셜

차례

▲▽▲
▼▲▼

무대는 끝나지 않는다

▲▽▲▽▲

타티아나로 건넨 마지막 인사

▲▽▲▽▲▽▲▽▲▽▲▽▲▽

'후회 없이 연습했어. 내가 믿는 건 지금 이 순간뿐. 그래 즐기자.'
무대가 열리기 30초 전, 음악 소리에 맞춰 바닥에 토슈즈를 톡톡톡, 세
번 두드렸다. 30년 발레리나 인생의 마지막 무대! 이제 강수진은 없
다. 이 순간만큼은 온전히, 오네긴을 사랑하는 순수한 시골 여인, 타티
아나가 되자!

 단숨에 내 마음을 훔쳐간 남자 오네긴이 저 멀리 보인다. 오만하지
만 매력적인 그를 볼 때면 가슴이 두근거린다. 사랑의 열병에 빠져 잠

못 이루는 밤, 애절한 마음으로 고백의 편지를 쓴다. 하지만 내 편지는 그의 손에서 처참히 찢긴다. 나의 심장을 찢고 오네긴은 떠나간다.

6년 후 어느 무도회장, 품위 있는 공작부인이자 사교계 여왕으로 성장한 내 앞에 오네긴이 서 있다. 뒤늦게 나타나 자신의 사랑을 받아달라고 절규하는 오네긴. 첫사랑 그에게 잠시 흔들리지만, 내게는 충실한 남편이 있다. 오네긴의 편지를 갈기갈기 찢어 던진다. 온몸에서 오열이 터져 나온다.

깃털처럼 가벼운 점프에 첫사랑에 들뜬 타티아나의 마음이 있고, 실크처럼 부드러운 손끝에 우아한 공작부인의 자태가 숨 쉰다. 뒤늦게 나타나 사랑한다 말하는 오네긴을 뿌리칠 때, 발레는 천둥 번개처럼 격정적이다. 발레에는 인간의 사랑과 질투, 열망과 절망, 순수와 성장이 있다. 손짓, 발짓, 몸짓, 표정에 이야기가 살아 숨 쉰다.

〈오네긴Onegin〉은 러시아 문학 거장 푸시킨이 쓴 소설 《예브게니 오네긴》을 원작으로 하는 발레다. 1996년에 처음 역을 맡은 뒤 20년 동안 무수히 타티아나를 연기했지만 단 한순간도 지겹지 않았다. 하면 할수록 더 욕심이 나고, 더 배우고 싶다. 매 순간 무대에서 나는 완전한 타티아나였다. 언제나 나를 뜨겁게 하는 〈오네긴〉은 발레리나로서의 은퇴 작품이 되었다.

"강수진 씨는 언제까지 무대에 설 계획인가요?"

▲▼▲▼▲▼▲▼▲▼▲▼▲▼

사람들이 언제쯤 은퇴할 거냐고 묻기 시작한 것이 10년이 넘었다. 몸을 혹독하게 쓰는 직업이라 수많은 발레리나가 마흔 살을 넘기지 못하고 은퇴한다. 마흔이 되던 해에 독일 슈투트가르트발레단은 나를 위해 입단 20주년 헌정 공연을 열어주기로 했다.

마지막 공연일지 모른다는 마음으로 온 마음을 다해 준비하고, 헌정 공연에 나섰다. 그러나 그 뒤로도 나는 계속 무대에 섰다. 오히려 마흔이 지나 내 발레는 전성기를 맞이했다는 평가를 받았다.

마흔이 넘어서자 그 어느 때보다 발레가 즐거웠다. 이제야 비로소 내 몸을 쓰는 요령을 터득한 것 같았다. 컨디션이 좋을 때는 스무 살 때보다 더 가볍게 날아오르는 듯했다. 그러기 위해 나는 매일 아침 5시 반부터 저녁 8시까지 연습했고, 시간이 지날수록 매일 새롭게 태어나는 기분이었다.

10대 때는 그저 발레가 좋았다. 20대 때는 무조건 열심히 했다. 30대 때는 내가 뭘 하는지 정확하게 알고 춤을 췄다. 그리고 40대가 되고서야 비로소 무대를 즐길 수 있게 됐다.

놀라운 것은 무대를 즐기게 되자 더 자유롭게 배역에 빠져들 수 있게 됐다는 것이다. 40대에 연기한 15살 줄리엣이 20대에 선보인 줄리엣

프롤로그 ▲▲▲▲▲ 무대는 끝나지 않는다

보다 더 순진무구했다. 역할에 빠져들면 나이는 사라지고, 캐릭터만이 살아 춤춘다. 젊은 시절엔 머리로 춤을 췄다면, 연륜은 내게 자유로운 영혼의 춤을 선사했다. 지금껏 경험한 것들이 내 몸에 녹아 감정을 표현하는 데 큰 힘이 됐고, 작품에 대한 이해력과 무대 장악력이 커졌다.

그러나 나도 계속 무대에 설 수 없다는 것은 분명히 알고 있었다. 다만 내가 원하는 대로 무대에서 춤출 수 있다고 느낄 때, 아름답게 퇴장하고 싶었다. 따로 은퇴 시기를 정한 적도 없었다.

2016년 7월 22일, 내 나이 50살이 되는 해이자 슈투트가르트발레단에 입단한 지 30년이 되는 해, 그리고 남편의 생일날이었다. 그날이 온 것이다. 세기의 발레리나와 안무가들이 발레의 역사를 화려하게 써내려간 슈투트가르트 극장. 이곳에서 나는 나의 마지막 무대를 올렸다.

이날의 〈오네긴〉 공연은 나의 은퇴 무대라는 의미보다 그 긴 시간 동안 나의 춤을 아껴준 팬들에게 보내는 마지막 감사 인사이자, 발레리나 아내를 둔 탓에 수십 년 동안 긴장하며 마음으로 같이 무대에 올라준 남편에게 주는 생일 선물이 되었다. 내가 가장 사랑한 작품 〈오네긴〉으로 마지막 무대를 장식할 수 있어 감사하고 또 감사했다.

"무대가 아쉽고 그립지 않나요?"

사람들의 질문에 한 치의 망설임 없이 답한다. 나는 하루하루 백 퍼센트로 살았기에 은퇴 무대 앞에서 일말의 아쉬움도 없었다고. 나는 그날, 최고의 타티아나를 선보이겠다는 마음 하나로 그 어느 때보다 맹

〈오네긴〉의 마지막 장면.
타티아나가 이루지 못한 사랑으로 인해 무너진 가슴으로 오열하는 이 장면은
〈오네긴〉의 대단원이다.

▲▲▲▲▲▲▲

렬한 에너지로 무대 앞에 섰다.

　내일을 믿지 않고 오늘만을 충실하게 살아온 나의 마지막 무대가 타티아나의 뜨거운 오열과 함께 막을 내렸다.

'고마워요, 수진DANKE SUE JIN'

▲▽▲▽▲▽▲▽▲▽▲▽

수많은 공연을 했다. 크고 작은 공연에서 큰 배역도 맡았고 작은 배역도 맡았다. 그러나 30년 발레 인생에서 중요하지 않은 공연은 없었다. 만 명 관객 앞이건 한 명 관객 앞이건 발레 공연은 내게 똑같이 소중하다. 하지만 은퇴 공연은 더 애틋하고 각별했다. 아무리 사전에 완벽하게 준비했어도 실제 공연에서 완벽한 모습을 자신할 수는 없다. 공연 전날까지 멀쩡하다가 갑자기 열이 40도까지 올라 무대를 망친 적이 있는가 하면, 함께 연습해온 파트너가 공연 직전에 부상을 당해 느닷없이 파트너가 바뀐 적도 있다. 군무가 흐트러져 무대 집중력이 떨어지기도 하고, 단원들 모두 완벽한 공연을 했음에도 관객과의 호흡이 잘 맞지 않아 호응이 떨어지는 날도 있다.

　하지만 그날 공연은 모든 것이 완벽했다. 맨 앞줄 관객부터 맨 뒷줄 관객까지, 극장장부터 경비원 아저씨까지, 모든 단원과 직원들이 한마음으로 똘똘 뭉친 것만 같았다. 처음부터 끝까지 작은 흐트러짐 하나

없이 머릿속에 그려둔 각본 그대로 진행된 건 그 엄청난 에너지 덕분이었다. 공연이 잘되기 위해서는 발레단이 하나가 되어야 한다는 오랜 믿음이 마지막 공연에서 완벽하게 실현된 것이다.

마지막 동작을 마치고 장막 뒤로 걸어 나갔다. 순간 그간의 기억이 파도처럼 밀려들었다. 이 무대는 한국 국립발레단 단장으로 일하면서 준비했던 터라 시간이 절대적으로 부족했다. 매일 새벽 5시에 일어나서 은퇴 공연 연습, 예술감독 역할, 발레단 경영을 병행해야 하는 상황이었다. 일과 시간에는 익숙지 않은 단장 업무에 집중하느라 연습 시간은 턱없이 부족했다. 그나마 연습 시간에는 동작을 맞춰볼 파트너가 한국에 없으니 혼자 2인무를 연습해야 했다. 연습 시간이 부족하니 몸의 감각이 무너지고 리듬이 깨졌지만, 그저 이를 악물고 연습하는 수밖에 없었다. 영화 〈록키〉의 복서처럼 악착같이 말이다. 150%의 집중력으로 최선을 다했다. 내 모든 것을 내던져 연습했기에 조금의 미련도 없었다. 나는 프로니까. 핑계대지 않고 마지막까지 가장 강수진다운 무대를 관객들에게 선보일 수 있어서 감사할 뿐이었다.

그 꿈같은 무대를 마치고, 커튼콜 타임이 되었다. 늘 그랬듯 공연의 열기를 그대로 간직한 채 밭은 숨을 내쉬며 관객을 향해 인사했다. 그런 내게 발레단 단원과 직원이 한 명 한 명 무대로 올라와 붉은 장미꽃 한 송이씩을 건넸다. 그 뒤로 모두의 마음을 담은 편지가 화면에 띄워졌다.

"사랑해요 수진. 모든 것에 감사합니다. 당신을 사랑해요. 언제나 그

2016년 7월 22일 〈오네긴〉의 커튼콜.
1,400명의 붉은 하트가 타티아나 강수진을 향해 뜨거운 작별 인사를 보내주었고
발레단 단원과 직원이 한 명 한 명 무대로 올라와 붉은 장미꽃 한 송이씩을 건넸다.

▲▲▲▲▲▲▲

프롤로그 ▲▲▲▲▲ 무대는 끝나지 않는다
▲▲▲▲

리울 거예요. 행운이 가득하길 빕니다. Liebe Sue Jin, Danke für Alles. We love you-We will miss

you. Alles Gute.”

그렇게 슈투트가르트발레단 최고령 발레리나인 나의 은퇴를 축복하
며 뜨거운 포옹과 아쉬움의 입맞춤을 나눴다.

그러다 환한 빛이 느껴져 객석으로 눈을 돌리자, 눈앞에 1,400개의
하트가 펼쳐졌다. 관객 1,400명이 붉은색 하트가 그려진 '고마워요,
수진DANKE SUE JIN' 카드를 펼치며 내 이름을 외쳤다. 관객석이 온통 붉은
하트로 가득했다. 상상도 못한 깜짝 이벤트였다. 그 순간의 감격을 뭐
라 설명할 수 있을까? 그저 발레가 좋았고 그 일을 마음껏 하며 살았을
뿐인데…… 감동의 눈물을 흘릴 새도 없이 그 마음에 보답하는 일이 무
엇일지를 마구 떠올렸다. 발레리나로서의 마지막 무대, 그날 관객들이
보여준 큰 사랑이 내게 새로 시작할 힘을 주었다.

무대는 아직 끝나지 않았다

▲│▲│▲│▲│▲│▲│▲│▲

무대에서 내려왔지만, 나의 무대는 아직 끝나지 않았다. 화려한 무대, 화
려한 옛 시절을 그리며 아쉬워하는 일도 없다. 은퇴 무대에 오르기 2년
전인 2014년부터 지금까지 나는 한국 국립발레단의 예술감독 겸 발레
단장으로 활동하고 있다. 무대를 내려온 결정적인 이유이기도 하다. 새

역할에 매진하고자 은퇴 날짜도 정했다. 그 전에도 예술감독직 제의는 여러 번 받았지만, 발레리나의 삶에 몰두해 있을 때라 깊이 생각해볼 여유가 없었다. 그러다가 2013년에 다시 제안을 받았을 때는 느낌이 달랐다. 전과 다름없이 매우 바쁜 일정 속에 살고 있었지만, 지금이 적기라는 직감이 강하게 들었다. 때로는 깊이 고민하는 것보다 영감이 이끄는 대로 결정할 때 더 좋은 결과를 맞기도 한다. 그때 그랬다. 어렵지 않은 선택이었다.

　사실 그 선택은 독일에서 죽을 때까지 보호받으며 안정되게 살 수 있는 미래를 박차는 일이었다. 나는 2007년에 독일과 오스트리아 최고 장인에게 수여하는 '캄머탠저린 Kammertänzerin (궁중 무용가)' 작위를 받았다.

　　"슈투트가르트 발레단 입단 20주년을 맞은 강수진 씨의 뛰어난 활동을 기리고, 세계 발레의 신화로 칭송되는 그의 예술혼을 역사에 남기려고 캄머탠저린 상을 수여한다."

캄머탠저린 작위를 받은 사람은 함부로 해고할 수 없고, 독일의 가장 소중한 문화 자산으로 철저하게 보호받는다. 20년 이상 장기 근속한 무용수 중에서 탁월한 능력으로 발레단에 크게 기여하고, 사회 공헌도가 크며, 인격적인 결함이 없어 주변 사람들에게 사랑과 존경을 받고 있다고 평가받을 때만 작위가 주어진다. 1957년에 슈투트가르트발레단이 창립된 이래 단 네 명에게만 주어진, 독일에서 무용하는 사람이 누릴 수 있는 최고의 영예다.

그러나 나는 한국으로 돌아오면서 캄머탠저린의 혜택은 물론 슈투트가르트 종신단원으로서 평생 월급을 받으며 대우받을 수 있는 혜택까지 내려놓았다. 주변에서는 굳이 그럴 필요까지 있느냐고 말렸지만, 한 가지 일에 온전히 집중하지 못하면 직성이 풀리지 않는 성격이라 조금의 아쉬움이나 미련을 남기고 싶지 않았다. 슈투트가르트발레단의 리드 앤더슨 감독님 역시 "정말 가고 싶다면, 꼭 가야지If you want to go, you have to go."라고 말씀하시며, 빽빽하게 계획된 나의 공연 스케줄을 모두 취소하고 오로지 예술감독의 역할에 충실할 수 있도록 배려해주셨다.

그렇게 모든 것을 떠나 30년 만에 조국으로 돌아오니, 생각보다 후련했다. 다만 터키인으로 독일에서 발레 무용수이자 내 매니저로 활동한 남편이 한국 사회에 잘 적응할 수 있을지 걱정되었다. 하지만 남편은 그곳에 당신이 펼치고 싶은 꿈이 있다면 기꺼이 함께 한국으로 가겠다고 말해주었다.

그렇게 강렬한 영감에 이끌려 물 흐르듯 자연스럽게 두 번째 인생이 펼쳐졌다. 원 없이 발레를 할 수 있어 행복했던 인생의 1막이 내리기도 전에, 다음 세대를 위해 내 모든 것을 전해줄 2막이 올랐다. 한평생 무대 앞에서 살았고, 이제는 뒤에서 그 무대를 만드는 삶을 산다. 무대 앞이든 무대 뒤든, 발레 속에 나는 있다.

그렇다. 누가 뭐라 해도 나는 '발레에 중독된 사람'이다. 정확히 말하자면 눈에 보이지 않지만 매일매일 아주 조금씩 실력이 느는 그 맛, 그 기쁨에 중독된 사람이다. 오늘 연습한 만큼 조금씩 달라지는 내일을 알기에 매 순간 후회 없을 만큼 연습에 연습을 이어왔다. 물론 처음부터 그랬던 것은 아니다. 시작은 화려하지 않았고, 누구도 내가 이토록 화려하게 비상하리라 예상하지 못했다. 나 역시 내 속에 이렇게 뜨거운 열정이 숨겨져 있는지 알 수 없었다.

누구나 특별한 삶을 꿈꾼다. 그 누구로도 대체할 수 없는 나만의 무대에 오르고 싶다. 나 역시 수없이 많은 무대에 올랐지만 처음부터 특별한 존재로 빛나진 않았다. 오랜 시간 스포트라이트 바깥에 머물렀고, 가까스로 오른 무대에서 넘어졌으며, 늘 새로운 도전에 맞서야 했다. 지금부터 평범한 사람이 도전하고 사랑하며 인생 무대의 화려한 주역이 되기까지 강수진의 스토리를 하나씩 들려주고자 한다.

1

나를 만든 것들

열정은
혼자 태어나지
않는다

1

누구에게나 잠자고 있는 열정이 있다

어머니는 내게 늘 "당당하게 앞을 보고 걸어야지"라고 말씀하셨다. 지독히 내성적이어서 땅만 보며 걷던 아이. 어린 시절 친구들은 '땅바라기'라는 별명으로 나를 놀리곤 했다. 심지어 엄마와 함께 시장을 다녀오는 길에도 고개를 들고 주변을 바라보지 못하고 앞선 엄마의 치맛자락만 붙잡고 간신히 걷는 아이였다. 사람들의 물결에 휩쓸려 엄마의 치맛자락을 놓쳐 길을 잃게 되었을 때도 여느 아이처럼 울어버리거나 도움을 청하지 못하고 그저 우두커니 서서 엄마를 기다릴 뿐이었다.

수줍은 아이의 특별한 고집

▲▽▲▽▲▽▲▽▲▽▲▽

무용을 시작한 것은 초등학교를 들어간 뒤의 일이다. 어머니는 공부에만 집중하기를 원하는 여느 어머니들과 달리 '공부도 좋지만, 어린 시절에 접해볼 수 있는 건 최대한 다 경험해보는 게 좋다'는, 상당히 자유로운 생각을 가진 분이셨다. 내심 딸아이의 내성적인 성격을 고치는 데 도움이 될까 싶어 큰맘을 먹고 무용 교습소에 보내주신 것 같다.

처음 시작한 무용은 발레가 아닌 한국무용이었다. 예쁜 한복을 입고 춤을 추는 게 즐겁기는 했지만 사실 내 관심은 다른 데 있었다. 당시 서울 휘경동 우리 집에서 한국무용 교습소까지는 버스를 타고 20~30분이 걸렸다. 어머니는 당연히 버스비를 주셨지만, 나는 초등학생 걸음으로 무려 2시간이나 되는 거리를 걸어 다녔다. 무용 연습을 하고 나면 다리는 후들거리고, 가방이 어깨를 짓눌러왔지만 그래도 걷는 쪽을 택했다.

녹초가 되어 돌아온 나에게 엄마는 "버스를 타지 왜 굳이 걸어오는 거니?" 하고 물으셨다. 그때마다 "나는 걷는 게 좋아요"라고 답하곤 했는데 사실은 '왕사탕' 때문이었다. 집에 오는 길에 있는 한 구멍가게에서 아기 주먹만 한 왕사탕을 팔았다. 왕사탕 값은 50원이 채 안 되었는데 내가 돈을 구할 방법은 차비를 아끼는 것뿐이었다. 어머니에게 왕사탕을 사달라고 조르면 될 것을, 나는 그러지 않았다. 내가 먹고 싶은 것이니 내가 번 돈으로 사 먹어야 한다는 괜한 고집이 있었다. 입안 가득 느껴지는 왕사탕의 달콤함을 위해 두 시간의 강행군도 마다치 않았다. 고개도 들고 다니지 못하는 수줍은 아이의 내면에는 그런 아이답지 않은 고집이 숨어 있었다.

어린 시절에는 휘경동의 낡은 한옥에서 살았다. 언니, 여동생과 셋이서 같이 방을 썼는데, 목까지 이불을 덮어쓰고 누워 있으면 천장에서 쥐가 오가는 소리가 들려 깜짝깜짝 놀라곤 했다. 가난하지는 않았지만 잘사는 집도 아니었다. 집에 온 손님들이 용돈으로 천 원짜리 한 장 쥐여주시면, 좋아서 언니와 손을 잡고 방방 뛰곤 했다. 어찌나 좋아했던지, 지폐를 손에 쥐고 활짝 웃는 사진도 남아 있다. 그래도 우리 집에는 흑백텔레비전이 있어 당시 최고의 인기 외화 시리즈 〈타잔〉을 볼 수 있다는 것에 행복했고, 일을 마치고 돌아온 아버지 손에 통닭 봉지라도 들려 있는 날이면 날아갈 듯 행복했다.

아버지는 자식들이 태어날 무렵에 인쇄소를 시작하셨다. 디지털 세상이 되면서 요즘은 인쇄업이 힘들다고 하지만, 1970년대만 하더라도 인쇄업은 호황이었다. 아버지의 사업이 안정세에 접어들면서 마당 있는 넓은 집으로 이사를 갔다. 그 무렵부터 부모님은 4남매에게 음악과 미술을 가르치기 시작하셨다. 부모님의 교육열은 매우 높은 편이었다. 수입이 늘면 투자를 하거나 저축을 하고 나머지 돈을 자녀 교육에 쓰

경희초등학교 1학년 때의 모습. 나는 숫기 없고 말수가 적은 조용한 아이였다.

▲▲▲▲▲▲▲

어릴 적 나들이 갔을 때 언니(오른쪽)와 함께.
용돈을 받고 너무 좋아서 손에 꼭 쥐고 있는 모습이다.

▲▲▲▲▲▲▲

는 여느 부모님들과 달리, 우리 부모님은 늘어난 수입 전부를 교육에 쏟아부으셨다.

부모님의 교육 방침은 철저히 '자기의 일은 자기가 알아서 하라'였다. 어머니는 4남매가 학교를 마치고 집으로 돌아온 이후부터 잠자리에 들 때까지 모든 일을 스스로 하도록 했다. 자신의 의지에 따라 시간을 활용하도록 한 어머니의 교육 방식 덕분에 우리 남매는 스스로 계획하고 실천할 줄 아는 자립심을 키울 수 있었다. 누군가가 만든 틀이나 강요에 따르기보다 스스로 계획을 세우고 자신의 삶을 경영할 수 있도록 힘을 키워주셨다고 믿는다. 내가 스스로 좋아하는 일을 자연스럽게 찾을 수 있었던 것도 결국 부모님 덕이었다.

단단하게 키워주신 어머니

어머니는 가난한 어린 시절을 보냈다. 부유하던 외할아버지의 집안이 급속도로 기울었고, 공부를 잘했던 어머니는 가정 형편 때문에 고등학교를 졸업하고 은행에서 근무하셨다. 어머니는 은행에서 근무할 때 고객으로 온 아버지를 만났다. 어머니의 외모와 얌전하지만 당당한 말투에 반한 아버지는, 어느 날 근무 중인 어머니에게 다가가 쪽지 하나를 내밀었다. 고객의 얼굴과 쪽지를 번갈아 본 엄마는 그것이 '데이트 신청'이라는 것을 알아챘다. 어머니는 의외로 흔쾌히 데이트 신청을 받아들였다. 왜 그랬냐고 물으니 키가 훤칠하거나 잘생겼거나 돈이 많아 보여서가 아니라, 쪽지에 적힌 글씨가 무척이나 정갈하고 반듯했기 때문이라고 하셨다. 어머니는 '이렇게 반듯하게 글씨를 쓰는 사람이라면, 생활도 바를 거야'라고 생각하셨단다. 그날 쪽지를 전한 남자, 미래의 나의 아버지는 목포에서 태어나 유복한 집안에서 자랐다. 대학원까지 다닐 정도로 학구열도 높았다. 그렇게 만나 결혼한 두 분은 때때로 "어휴, 내가 저 양반이랑 왜 결혼했는지 몰라"라며 티격태격하셨지만, 50년이 넘는 세월 동안 자식들을 정성으로 기르시며 좋은 동반자로 지내신다.

지금 생각해보면 어머니는 대단한 분이었다. 4남매가 북적이는 살림을 하면서도 사소한 것 하나 허투루 하시는 법이 없었다. 아버지의 인쇄소가 호황을 맞으며 살림이 피기 시작하자 집안일을 도와주는 할머니도 불렀는데, 어머니는 누가 일을 돕는 사람인지 헷갈릴 정도로 웬만한 살림을 손수 다 하셨다. 또 어머니는 어려운 사람을 보면 그냥 못 지나치셨고, 집에 찾아온 손님을 빈손으로 보내는 법이 없었다. 가난한 형편 탓에 당신들은 제대로 된 예능 교육을 받지 못했음에도 우리 4남매에게 음악과 무용을 가르치셨고, 늘 자식들 뒤에서 우리가 활동하는 모습을 지켜봐주셨다. 그런 헌신적인 뒷바라지 덕분에 우리 4남매는 저마다의 분야에서 성공적으로 일하고 행복한 가정을 꾸릴 수 있었다.

어렸을 때 집에서 피아노를 치고 있으면, 엄마는 그 옆에 앉아 무심

한 표정으로 빨래를 개다가 이런 말씀을 하셨다.

"수진아, 그 부분은 조금 틀린 것 아니니?"

음악을 전공하지도 않았고, 악보를 본 것도 아니었는데 엄마는 내가 틀린 부분을 정확하게 지적했다. 살면서 어머니의 예술적 재능과 안목에 놀랄 때가 종종 있는데, 이런 재능은 외할아버지한테서 물려받은 것 같다. 어머니는 외할아버지가 조금 유명한 화가라고만 말씀하셨다. 한국 화풍에 새로운 바람을 불러일으킨 위대한 화가 구본웅이 나의 외할아버지라는 사실이 언론에 대서특필 되고 나서야 그 사실을 알게 되었다. 일제강점기, 한국의 '로트레크'라 불린 야수파, 표현주의 작가 구본웅 화백이 나의 외할아버지였던 것이다. 부유한 집안에서 태어나 친구인 시인 이상을 포함한 순수 문화 예술 작가들과 독립운동가들에게 무한한 신뢰와 금전적 지원을 아끼지 않았던, 조선의 문화 예술의 발전에 기여한 그분의 예술성과 베풂의 정신이 어머니에게 이어진 것은 아닐까? 음악과 미술을 전공한 4남매에게 한마디씩 툭툭 던지며 허를 찌르는 질문을 했던 어머니를 떠올려보면, 예술적 재능이 이어져 있음을 확실하게 느낄 수 있다.

어머니는 매우 따뜻한 분이었다. 어린 시절 어머니가 큰 수술을 받은 적이 있는데, 그때 어머니는 침상에 누워 있으면서도 미소를 잃지 않았다. 나는 엄마 곁에 누워 함께 자겠다고 말도 안 되는 고집을 부렸다. 어머니와 떨어지기 싫어서라기보다는 어린 마음에도 어머니 곁을 지켜드리고 싶었던 것 같다. 큰 수술을 막 끝내 쇠약해진 상태에서 힘드셨을 텐데, 어머니는 흔쾌히 "그래, 엄마랑 같이 자자"며 침대 한쪽을 내주셨다. 몸에는 호스와 의료 장비가 주렁주렁 달려 있었다. 아직 마취에서 다 깨지 않은 몸으로 어린 딸을 품에 안고 토닥이며 재워주셨다. 자라면서 어머니의 그 넓은 인품과 자애로움, 배려심을 존경하지 않은 순간이 없다.

몇 해 전, 어머니가 뇌경색으로 쓰러지신 적이 있다. 돌이켜보면 어머니는 편찮으실 때가 많았는데, 우리 자식들은 어머니가 영원히 시들지 않고 우리 곁에서 넓은 그늘을 만들어주실 것이라 믿고 있었다. 어머니는 우리에게, 나에게 그런 존재였다.

2

기회가 왔다면 돌아보지 마라

'강수진, 토슈즈를 처음 신는 순간 발레와 사랑에 빠졌다.'

말도 안 되는 인터뷰 기사의 제목에 웃음이 나왔다. 이 제목은 내 이야기를 잘못 담고 있다. 내 어릴 적 꿈은 발레리나가 아닌 스튜어디스였다. 발레를 처음 시작했을 때는 발레에 전혀 재미를 느끼지 못했다. 9살부터 2년간 한국무용을 배우다가 2년 정도 쉰 다음 예술중학교에 입학하게 되었는데, 1학년 때 발레 전공자가 부족해 학교에서는 한국무용 전공자 중에서 발레로 전향할 학생을 찾고 있었다. 언젠가 지인으로부터

"둘째 딸 체형이 발레 하기에 딱 좋다"는 얘기를 들은 어머니는 나에게 이렇게 말씀하셨다.

"수진아, 학교에서 선생님이 '발레 할 사람 손 들어!' 하면 무조건 제일 먼저 손 들고 한다고 그래. 알았지?"

나는 엄마의 말대로 무작정 손을 들었다. 내 몸을 하나하나 만지며 골격을 살펴보신 선생님은 엉덩뼈의 생김새를 보니 발레도 괜찮겠다며 전과를 시켜주셨다. 그러니 발레의 천부적인 재능을 발견해서 전공을 바꾼 것이 아니었다. 이렇게 별생각 없이 시작한 발레이니, 의욕이 있을 리 만무했다.

남들보다 6년이나 늦은 시작

▲∇∣▲∇∣▲∇∣▲∇∣▲∇∣▲∇

어릴 적부터 한국무용을 했으니 발레도 수월하게 잘했을 거라고? 전혀 아니었다. 한국무용은 발 앞쪽과 뒤꿈치를 잇는 발의 안쪽을 주로 사용하는 반면, 발레는 골반을 벌려 발의 바깥쪽을 사용한다. 그러니 한국무용에 익숙해진 내 몸에 밴 춤사위를 바꾸는 것은 춤을 배워본 적 없는 사람이 발레를 배우는 것보다 더 어려운 일이었다.

게다가 발레는 보통 초등학교 입학 전에 시작하는데, 중학생이 되어 발레를 시작한 나는 늦어도 너무 늦은 상황이었다. 골반과 발을 좌우로 활짝 벌리는 발레의 기본 동작조차도 뼈가 굳은 나에게는 너무 힘들었고, 실력이 금세 늘지 않으니 수업이 따분하기만 했다. 연습실에서 바를 잡고 멍하니 서 있거나, 발레 스텝을 밟다가 졸기까지 했다.

지금도 나는 아이스크림, 초콜릿 같은 단것을 아주 좋아하는데, 그때도 탈의실에 숨어서 아이스크림 따위를 즐겨 먹는 바람에 몸무게가 다른 아이들보다 훨씬 많이 나갔다. 늦게 시작했으니 죽기 살기로 연습해도 모자랄 판에 어영부영 시간만 보낸 셈이다. 첫 1년간은 몸만 연습실에 있고 발에 토슈즈만 신었지, 하는 것도 아니고 안 하는 것도 아닌 어중간한 상태였다.

그러던 내가 발레에 관심을 가지게 된 것은 중학교 2학년 때 담임을 맡은 캐서린 베스트 선생님 덕분이었다. 당시 학교에는 네 분의 외국인 선생님이 계셨는데, 캐서린 선생님은 날씬한 몸매에 금발 머리를 가진 전형적인 서구 미인이었다. 당시 내 눈에는 선생님이 어린 시절 부모님이 사주신 금발 인형보다 더 아름다워 보였다. 어린 시절부터 뭐든 예쁘고 아름다운 걸 좋아했던 내게 캐서린 선생님은 동경의 대상이었다. 선생님이 좋으니 발레도 덩달아 좋아졌다.

나는 어릴 때부터 한번 하고자 하는 일은 누가 뭐래도 악착같이 매달려서 꼭 해내는 성격이었다. 반대로, 동기부여가 되지 않는 일은 주변에서 아무리 다그쳐도 집중할 수 없었다. 어릴 적 피아노를 배울 때도, 내가 틀린 음을 칠 때마다 30센티미터 자로 내 손등을 찰싹찰싹 때리는 선생님 때문에 피아노가 너무 싫었다. 하고 싶지 않은 일을 맞아가면서 해야 하는 이유를 납득할 수 없어서 흥미를 잃었고 하기 싫은 티를 마구 냈다. 나는 피아노 연습을 빼먹고 만화방에서 〈들장미 소녀 캔디〉를 읽고 또 읽다 오곤 했는데, 어느 날 어머니에게 들켜 태어나서 처음으로 회초리를 맞았다. 그렇게 피아노에 대한 흥미는 완전히 사라졌다. 발레 역시 처음엔 그랬다.

그런데 캐서린 선생님은 나 같은 학생들을 다룰 줄 아는 분이었다. 선생님은 억지로 시키는 대신 넘치는 칭찬을 해주셨다. 팔이나 다리를 조금만 사뿐히 움직이거나, 평상시보다 조금 더 열심히 연습한 날은 어김없이 칭찬과 격려가 쏟아졌다.

"수진이는 팔다리가 길고 예뻐서 조금만 노력하면 멋진 동작을 만들 수 있어."

"수진이는 잘할 수 있어! 지금보다 조금만 더 열심히 해보자."

"어쩜, 수진이는 동작 하나하나가 이렇게 예쁠까?"

이렇게 나는 선생님의 발레 수업에 점점 빠져들었다. 어느 순간 탈의실에 몰래 숨어 아이스크림을 먹는 일은 감쪽같이 사라졌다. 거짓말처럼 매일매일 발레 수업이 기다려졌다. 발레가 어찌나 좋았던지 밤에 잘 때 토슈즈를 벗지 않고 잠들기도 했다. 어떤 날은 다리 스트레칭을 하다가 잠이 드는 바람에 한밤중에 나를 발견한 엄마가 끙끙대며 다리를 모으고 굳어진 근육을 풀어주느라 한바탕 소란을 피우기도 했다.

그렇게 발레가 좋았다. 학교 수업이 끝나면 저녁 11시까지 혼자 발레 연습을 하고 돌아오는 일상이 계속되었다. 캐서린 선생님의 칭찬이야말로 나를 춤추게 한 동력이었던 것이다.

10만분의 1의 소녀, 모나코로 향하다

발레에 푹 빠져 있던 중학교 3학년 때 인생을 바꾸는 사건이 일어났다. 당시 모나코 왕립 발레학교 교장이었던 마리카 베소브라소바 Marika Besobrasova 선생님이 우리 학교의 초청으로 한국을 방문한 것이다. 마리카 선생님은 미하일 포킨 Mikhail Fokin 등 전설적인 발레 거장들에게 사사하고, 1945년부터 후학을 가르쳐 루돌프 누레예프 Rudolf Nureyev 같은 발레 영웅을 키워낸 분이다. 선생님의 방한은 1981년 3월 〈경향신문〉에 대대적으로 실렸던 큰 사건이었다.

선생님이 한국을 방문한 것은 발레 불모지에 가까운 한국에서 발레에 재능 있는 진주를 발굴하기 위해서였다. 당시만 해도 서구의 무용인 발레에 동양인의 체형은 적합하지 않다는 편견이 있었는데, 마리카 선생님은 동양인, 특히 등이 곧고 골반이 퍼져 있는 한국인은 발레에 적합한 몸을 가지고 있다고 여겼다. 선생님은 집에 서예 작품을 표구하여 걸어놓을 정도로 동양 문화에 대한 이해가 깊은 분이었다. 그런 선생님 눈에 띈 것이 나였다. 마리카 선생님은 다른 학생들은 무대에서 복잡한 동작을 하며 실력을 자랑하는 반면, 나는 큰 동작 없이 가만히 서 있는데도 관객을 빨아들이는 힘이 있다고 하셨다. 배워서 되는 것이 아닌 타고난 아우라가 있다는 것이다.

"수진에겐 뭔가가 있어 Sue-jin has it."

그때 나는 기본기가 탄탄하거나 테크닉이 뛰어나지는 않았지만, 이 말 한마디로 감수성과 표현력을 인정받은 셈이었다.

지금도 나는 감정이입을 잘해 뉴스를 보다가, 책을 읽다가, 음악을 듣다가, 대화를 나누다가 자주 눈물을 흘리는 울보다. 발레리나로서 워낙 강인한 이미지로 잘 알려져 있긴 하지만 사실 나는 눈물이 많다. 그 짧은 시간에 선생님이 나의 그런 면모를 어떻게 발견하셨는지 모르겠지만, 현역 시절 내내 '모든 동작에 감정이 실리는 발레리나'라는 호평을 자주 받았는데, 어린 내 잠재력을 알아봐주신 선생님의 안목이 고마울 뿐이다.

마리카 선생님은 부모님께 딸의 유학을 권유하셨다. 부모님은 아직 어리기만 한 딸을 유학 보내는 것을 주저하셨다. 그러자 선생님은 확신에 찬 목소리로 말씀하셨다.

"수진은 10만 명 발레리나 중 한 명 나올까 말까 한 아이입니다. 더 큰 세상에서 발레를 배워야 해요. 제대로 된 교육을 받으며 갈고 닦으면 분명 세계적인 발레리나로 성장할 겁니다. 저를 믿고 보내주세요."

모나코 유학 시절의 모습.
뒤편 언덕에 있는 3층짜리 붉은 벽돌 건물이 바로 모나코 왕립 발레학교다.
당시의 모나코는 현대식 건물이 들어선 지금보다 훨씬 더 고즈넉하고 아름다웠다.

▲▲▲▲▲▲▲

발레 거장의 확신에 찬 말에 부모님도 마침내 어린 딸의 유학을 허락하셨다. 뒤늦게 안 사실인데 모나코로 돌아간 마리카 선생님은 부모님이 나를 도로 한국으로 데려갈까 봐 걱정되었는지 아버지에게 이런 편지를 보내셨다고 한다.

"수진을 제게 보내주시면 수양딸 삼아 조금 오래 데리고 있으면서 제대로 키워내고 싶습니다."

오늘의 강수진을 있게 한 편지였다. 나는 인복이 많아 10대에 좋은 스승을 만났다. 세상을 밝히는 발레 무용수들을 열정적으로 키우다 2010년에 돌아가신 마리카 선생님 덕분에 나 역시 올곧게 발레리나로 성장할 수 있었다. 어머니가 그때를 떠올리며 이렇게 말씀하신 적이 있다. "나는 수진이가 유학을 간 그 순간부터 그 아이를 내 딸이라고 생각해본 적 없어. 이제 수진이는 만인의 딸이잖아."

지금 생각해보면, 10만분의 1이 되는 것도 대단한 일이지만, 더 대단한 것은 10만 명 중에 잠재력을 가진 1명을 찾아내는 안목과 그 잠재력이 발휘될 때까지 기다려준 스승님의 인내심이었다. 선생님이 나를 발견하셨을 때의 그 확신, 믿음이 나를 주저 않고 모나코로 떠날 수 있게 해주었다. 그 뒤로 힘든 시절에도 포기하지 않고, 정점에 섰을 때에도 초심을 지키며 발레를 할 수 있었던 것은 위대한 스승, 마리카 선생님 덕분이었다.

3

별은 외로울수록 더 밝게 빛난다

1982년, 열다섯 소녀가 1년만 열심히 배우고 돌아오겠다는 각오로 홀로 모나코로 유학길에 올랐다. 마리카 선생님의 말만 믿고 무작정 찾아간 곳, 언어도 통하지 않는 그곳에서 지내는 일은 간신히 '살아남기'에 가까웠다. 한창 감수성 예민한 열다섯 살 사춘기 소녀에게 외로움과 가족에 대한 그리움은 커져만 갔다. 홀로 기숙사 창가에 서서 티끌 없이 까만 모나코의 밤하늘을 올려다보면, 보름달이 그렇게 밝아 보일 수가 없었다. 한국의 한가위 보름달과 함께했던 가족들이 떠오르면 가슴에서 울컥 뜨거운 것이 솟아올랐다. 그런 내게 친구이자 버팀목이 되어준 것은 끊임없는 연습, 연습뿐이었다.

모나코, 눈부시게 아름답고 처절하게 외로운

▲▽▲▽▲▽▲▽▲▽▲▽▲▽

모나코 왕립 발레학교는 1975년에 그레이스 켈리 왕비가 세운 세계적인 명문 발레학교다. 이곳에서 발레 무용수에게 필요한 모든 소양을 배울 수 있다. 전 세계 40여 개국에서 온 150여 명의 발레 영재들이 눈을 반짝이며 수업을 들었다. 아침 8시면 1교시가 시작됐다. 한 시간 반 동안 발레 기본기 수업을 받았다. 대부분의 수업은 두 명이 함께 추는 파드되 Pas de deux, 토슈즈를 신고 춤을 추는 포인트 클래스 Point Class, 발레 작품의 솔로 테크닉을 배우는 바리아시옹 클래스 Variation Class 등 발레 기술을 배우는 수업이고, 그 밖에도 현대무용, 캐릭터댄스, 요가, 성악, 예술사 등 예술적 소양을 폭넓게 키워주는 수업이 2~3시간씩 이어졌다. 정식 커리큘럼은 준비 과정 4년에 고급 과정 4년으로, 모두 8년의 교육 과정을 마쳐야 수료할 수 있는데, 8년 내내 수업과 개인 연습이 톱니바퀴처럼 맞물려 있어서 한 치의 어긋남 없이 빡빡하게 돌아간다.

지금은 자유로이 해외여행을 떠날 수 있지만, 1981년 전까지는 해외여행도 해외 수출이나 해외 취업에 한해 추천제로 이뤄졌다. 내가 유학을 했던 1982년은 그보다는 자유로웠지만, 해외여행을 하는 사람은 극소수였다. 인터넷도 휴대전화도 없던 시절, 익숙한 서양 문화라고는 텔레비전에서 본 외화뿐인 내게, 에메랄드 빛 바다와 고풍스러운 유적지로 가득한 아름다운 모나코는 그저 낯설고 두려운 곳일 뿐이었다.

유학을 떠난 첫 일 년은 생지옥이었다. 걸음마를 떼자마자 발레를 시작한 학생, 세계에서 손꼽히는 학생들이 모였으니, 동기생들의 실력은 나보다 월등했다. 몸의 비율은 발레 동작의 아름다움에 큰 영향을 미치는데, 서양 아이들의 몸은 마치 만화 주인공처럼 길쭉길쭉하고 예뻤다. 게다가 나는 모나코의 공용어인 프랑스어는커녕 영어도 잘 알아듣지 못해 수업 내용을 따라가기도 버거웠다. 수업은 그나마 교과서를 보며 뒤늦게 의미를 파악할 수 있었지만, 제멋대로 떠들어대는 또래 아이들의 이야기는 정말로 알아듣기 힘들었다. 말이 통하지 않으니 속상한 일이 있어도 친구들에게 마음 편히 털어놓을 수가 없었다.

"얘! 네 머리카락이 바닥에 떨어졌잖니!"

아직 단체생활이 익숙하지 않아 실수가 많았던 내게 날카롭게 쏘아붙이는 친구의 말도 잘 들리지 않았다. 무슨 말인지는 모르겠지만 내가 잘못했구나 정도만 파악할 정도였다. 아무도 내 편이 되어주지 않는 곳, 외로움은 깊어만 갔다.

또 밥과 김치에 길들여진 나는 치즈만 먹으면 속이 울렁거렸다. 한국에서 나는 치즈 같은 서양 음식을 먹어본 적이 거의 없었다. 김치도 없이 느끼한 음식을 매일 먹으려니 입맛이 뚝 떨어져 끼니를 거르기 일쑤였다. 발레를 잘하려면 편식하지 않고 잘 먹어야 한다는 교장 선생님의 엄포가 떨어질 때면 울면서 억지로 냄새나는 치즈를 삼키곤 했다.

국제전화를 하기 위해서는 일주일에 한 번 주말마다 우체국에 가서 전용 전화기를 사용해야 했다. 그렇게 일주일에 딱 한 번 부모님 목소리를 들을 수 있었다. 먹먹한 마음에 말도 잘 하지 못하고 굵은 눈물만 뚝뚝 흘렸다. 어머니는 그런 나에게 힘내서 버티라는 말 대신 이런 말을 하셨다.

"수진아, 너무 힘들면 그냥 돌아와도 돼."

신기하게도 그 말을 들으면 힘이 솟았다. 나를 버티게 해준 유일한 위로였다. '그래, 당장에라도 돌아갈 곳이 있어. 그러니 할 수 있는 만큼 해보자.' 그런 오기가 생기기 시작했다.

달빛만이 발레리나를 비추고

모나코 왕립 발레학교는 교실과 기숙사가 모두 한 건물에 있었다. 학생들이 머무는 기숙사는 지하에, 스튜디오와 교실은 3층 건물 맨 위층에 있었다. 수업이 끝나는 저녁 7시 30분이 되면 건물 외부 철문이 굳게 닫혔고, 9시가 되면 전원 잠자리에 들어야 했다. 수다 떠는 것을 좋아하는 10대 소녀들은 몸은 녹초가 되었어도 재잘재잘 수다를 떨었다. 그럴 때면 여지없이 관리인 부부가 등장했다. 부부는 1층에 살았는데, 남편은 학교 관리를 맡았고, 부인은 학생들의 식사를 담당했다. 잠을 자지 않고 떠들다가 걸리면 다음 날 교장 선생님께 불려가 혼이 났다.

8시 50분. 친구들이 수다 떠느라 바쁘고 관리인 아저씨는 순찰을 돌 때, 나는 이불을 뒤집어쓰고 소리가 날세라 몰래 발레복을 입었다. 그리고 속으로 아주 천천히 숫자를 셌다.

'하나······ 둘······ 셋······ 넷······.'

숫자 하나당 20초쯤 천천히 숫자를 세다가 '백'을 외치면 9시 30분쯤이었다. 부스럭 소리를 내던 아이들이 하나둘 옅은 코까지 골며 잠들면, 조용히 이불 밖으로 나왔다. 감시의 눈초리를 번뜩이던 관리인 부부도 슬슬 잠자리에 들 시각. 아무도 눈치채지 못하게 살금살금 걸어 건물 맨 위층에 있는 스튜디오로 향했다.

스튜디오는 수십 명이 함께 수업을 받을 수 있는 큰 공간과 아담한 공간 두 곳이 있었는데, 내가 매일 밤 찾은 곳은 아담한 스튜디오였다. 그곳에서 달빛을 조명 삼아 수업 시간에 배운 동작을 연습하고 또 연습했다. 창밖으로 고양이라도 보일 때면 소스라치게 놀랐다. 하지만 나중에는 고양이마저도 자그마한 동양인 발레리나의 도둑 연습을 보러 온 반가운 관객 같았다.

달빛 아래 도둑 연습은 치열했다. 몰래 하는 연습이라 음악을 켤 수 없으니 몸을 악기 삼아 발레로 리듬을 만들었다. 춤만 보고도 음악이 들리는 듯이 연습했다. 온몸의 에너지가 다 빠져나가도록 뛰고 또 뛰었다. 마음 한구석에는 '관리인 부부에게 걸려 교장 선생님께 알려지면 크게 혼날 텐데' 하는 두려움이 있었다. 하지만 그런 두려움 때문에 연습을 대충 할 수는 없었다. 최대한 소리 나지 않게 조심하면서 2년 동안 단 하루도 빼먹지 않고 달밤의 도둑 연습을 했다. 어느새 수업을 따라가지 못해 뒤처지던 열등생이 입학 4개월 만에 치른 시험에서 최우수 등급을 받았다. 졸업 때까지 내내 장학금을 받을 정도로 우수한 학생이 되어 있었다.

하루 일과가 끝나면 피로로 인해 꼼짝달싹할 수 없을 만큼 나를 몰아붙이는 연습이 계속됐다. 머리와 가슴이 발레 말고는 다른 것을 담을 수 없도록. 어쩌면 나는 외로움과 그리움을 극복하기 위해 매일 그렇게 연습했는지도 모른다. 그렇게 연습을 하고 나면 온통 까맣던 모나코의 밤하늘에도 희미한 새벽빛이 드리우기 시작했다.

관리인 부부와 교장 선생님은 내가 밤마다 침대에서 몰래 빠져나와 연습한다는 것을 모르셨을까? 그때는 완벽하게 속였다고 생각했다. 하지만 아무리 작은 아이가 조심스레 뛴다고 해도, 매일 밤 반복되는 무수한 점프 소리를 관리인 부부가 눈치채지 못했을 리 없다. 교장 선생님도 나의 도둑 연습을 아셨을 것이다. 내가 진짜 훔친 건 연습 공간이 아니라 '밤에는 학생들을 엄하게 단속해야 한다'고 생각한 그분들의

1983년 모나코 왕립 발레학교의 연습실에서.

▲▲▲▲▲▲▲

마음이었다. 그랬기에 규칙을 어긴 내 행동을 기꺼이 눈감아주셨던 것
이다. 한국에서 온 외로운 소녀의 뜨거운 열정이 그들의 마음을 녹인
것이다.

26번, 로잔의 가장 빛나는 별이 되다

▲│▼│▲│▼│▲│▼│▲│▼│▲│▼

"수진, 이번에 로잔에 나가보지 않을래?"

"네? 제가요?"

1985년 유학 3년째가 되던 해 교장 선생님께서 뜻밖의 제안을 하셨다.
바로 로잔 국제 발레 콩쿠르에 참가해보라는 것이었다. 스위스 보^{Vaud} 지
방의 수도이자 국제올림픽위원회 IOC 본부를 비롯한 각종 국제 스포
츠 연맹의 본부와 국제기구들의 사무실이 있는 도시, 로잔. 알프스 산
맥과 레만 호수로 둘러싸인 천혜의 휴양지로도 유명한 곳이다. 그곳에
서 이뤄지는 로잔 국제 발레콩쿠르는 1973년에 창설된 국제대회로,
15~18살 주니어 발레리나가 세계적인 발레리나로 발돋움할 수 있는
최고의 등용문이다. 수상자들은 1년 동안 장학금과 생활비를 지원받
으며 세계 명문 발레단에서 연수할 기회가 주어지기 때문에, 심사와
입상 조건이 까다롭기로 유명하다. 그만큼 주니어 무용수들은 인생을
걸고 대회에 참가한다.

그때까지 한국인은 한 번도 로잔 콩쿠르에서 수상한 적이 없었다. 마리카 선생님도 나도, 여태까지 열심히 해왔으니 좀 더 넓은 곳에 나가서 발레 수준을 가늠해보는 것이 목표였지, 수상을 할 수 있을 거라는 기대는 하지 않았다. 그저 호기심을 가지고 경험을 해보자 싶어 흔쾌히 응했다.

매년 스위스 로잔에서 치러지던 대회가 1985년에는 이례적으로 스위스 로잔과 미국 뉴욕 두 도시에서 동시에 열렸다. 유럽, 아프리카, 중동 지역 참가자들은 로잔에서 준결승전을 치렀고, 북미, 남미, 동아시아 참가자들은 뉴욕에서 준결승전을 치렀다. 최종 15명의 결승전이 또다시 뉴욕에서 열렸다. 세계 경제의 심장, 세계의 수도라 불리는 뉴욕에서 사상 최초로 벌어지는 로잔 콩쿠르를 취재하기 위해 수많은 언론사의 이목이 집중되었다.

로잔 콩쿠르는 연습실에서 배우는 클래스(발레 기본 동작)부터 무대 공연까지 전 과정이 평가 대상이었다. 전 세계에서 온 선생님들은 각각 전혀 다른 스타일의 클래스를 가르치면서 참가자들이 짧은 시간에 새로운 것을 얼마나 흡수해 자신의 것으로 만드는지 평가했다. 로잔에서는 러시아 스타일의 느린 동작을 배우다가, 뉴욕에서는 모던 스타일의 빠른 동작을 배웠는데, 이 과정이 무척 흥미로웠다.

정통 발레파인 모나코 발레학교에서는 주로 러시아의 무용 교사 아그리피나 바가노바 Agrippina Vaganova가 제창한 발레 교육법을 따른다. 이를 바가노바 메소드라고 하는데, 섬세하고 정확한 동작을 연습하는 이 방법은 클래식의 문법 같은 것이다. 나는 그때까지 이런 정통 발레를 익히는 데만도 바빴기 때문에, 뉴욕 스타일의 빠른 동작을 소화하려니 좀처럼 쉽지 않았다. 리듬 자체가 다르니 몸의 움직임이 엇나가기 마련이었다. 하지만 적응하는 어려움보다 새로 만난 선생님에게 하나라도 더 배우고 싶은 욕심이 더 컸다. 그저 새로운 것을 배우는 과정이라고 생각하니 콩쿠르에 출전한 것이 아니라 마치 발레 파티에 온 것처럼 즐거웠다. 대회에 임하는 태도가 다른 경쟁자들과는 조금 달랐던 것이다. 실력이 뛰어나고 멋있는 동년배 무용수들을 보는 것도 큰 자극이 됐다. 내가 그 무리에서 좋은 성적을 내 결승전까지 진출한다는 것이 신기할 뿐이었다.

클래스 경선이 끝나면 무대 심사로 이어진다. 무대 심사에서는 준비한 클래식 발레와 모던 발레를 선보여야 했다. 무대 심사는 사전에 준비하는데, 상대적으로 모던 발레 경험이 부족한 나를 위해 교장 선생님은 학교로 안무가 선생님을 초빙해주셨다. 안무가 선생님은 나의 개성이 잘 드러나도록 나만을 위한 안무를 한 동작 한 동작 세심하게 만들어주셨다. 태어나서 처음으로 나를 위한 안무를 갖게 되자, 밤샘 연습이 하나도 힘들지 않을 만큼 기쁘고 설렜다. 이따금 부상으로 연습을 쉬게 되면 연습을 못 한다는 것이 속상해 눈물이 났다.

많은 사람이 어떤 일을 하면서 스트레스를 받는 이유는 경쟁자를 의

식하기 때문이다. 그러나 그저 최선을 다한다고 마음먹으면 그 짐을 조금 덜 수 있다. 그때의 나 역시 그런 마음이었기 때문에 스트레스를 받기보다는 대회를 준비하는 일이 그저 즐거웠다. 내가 최고라는 자신감이 있었거나 강심장이었기 때문이 아니었다.

그렇게 준비한 작품을 무대에 올리는 날, 무대 뒤편에는 무용수들이 내뿜는 거친 숨소리로 가득했다. 엄청난 부담감과 긴장감이 공간을 채웠다. 나는 스트레칭을 하고, 토슈즈를 신고, 머릿속으로 춤 동작을 반복해서 되새겼다. 호흡을 가다듬으며 준비한 대로만 하고 내려오자고 생각했다.

내 차례가 왔다. 음악이 흐르자 잡념이 사라졌다. 심사위원들이 나를 쳐다본다는 것도 잊어버린 채 빛을 따라 춤을 췄다. 마음을 놓았기 때문인지 실수 없이 준비해온 공연을 마음껏 선보였다.

경연 무대 이후, 나는 무대 위에서의 순간을 곱씹으며 약간의 허탈감과 밀려오는 강력한 희열을 느끼고 있었다. 그 순간에도 수상자는 한 명씩 호명되고 있었다. 결승에 진출한 15명 중에서 단 4명만이 장학금을 받을 수 있다. 한 명 한 명 이름이 발표될수록, 남아 있는 사람들의 수상 가능성은 작아졌다. 장내는 폭발할 듯한 긴장감에 휩싸였다. 그때였다.

"뱅 씨지에므vingt-sixieme."

사람들은 탄성을 질렀다. 나는 누군가 무대 위로 나가겠구나 생각하고, 무대를 바라보며 박수를 보낼 준비를 하고 있었다. 다시 장내에 우렁찬 목소리가 울려 퍼졌다.

"뱅 씨지에므!"

"넘버 트웬티 식스^{twenty six}!"

세상에, 바로 나였다! 내가 자리에서 벌떡 일어나자 우렁찬 박수가 쏟아졌다. 내 허리춤에 달린 26번 번호표와, 언제나 내 곁을 지켜주신 마리카 선생님의 환한 웃음이 내 수상이 현실임을 일깨워주었다. 1985년 로잔 콩쿠르에서 최고점을 받은 사람은 바로 나, 강수진이었다. 그날 밤 나는 뉴욕에서, 로잔에서, 가장 빛나는 별이었다.

1985년, 로잔 국제 발레콩쿠르의 무대에서의 모습.
그 어느 때보다도 차분하고 또 설레는 마음으로 무대를 장식했다.

▲▲▲▲▲▲▲

∨∧∨∧∨∧∨∧∨∧∨∧∨∧∨∧∨∧∧

삶의 무대에서 몰아치는 파도와 만나면
누구나 주저앉고 싶어진다.
하지만 그 파도가 나를 더 나은 곳으로 데려갈 수도 있다.
두 손에 꼭 쥔 열정을 놓치지 않는다면
열정으로 벅찬 가슴을 믿는다면
그 무대는 온전한 나의 것이 될 것이다.

∨∧∨∧∨∧∨∧∨∧∨∧∨∧∨∧∨∧∧

4

너는 더 높이 뛸 수 있어

로잔 콩쿠르 현장의 대기석에서 수상을 위해 무대로 올라가는 길지 않은 시간 동안 많은 생각이 스쳐 지나갔다. 내게 주어진 도전의 기회 앞에서 망설이거나 겁내지 않고 스스럼없이 손을 들었던 그 순간이 떠올랐다. 어제 내가 한 그 선택 덕분에 더 큰 세상으로 나갈 수 있는 기회를 얻고 더 성장할 수 있는 지원을 받게 된 것이다.

독재자, 마리카 선생님과의 동거

▲▽▲▽▲▽▲▽▲▽▲▽

로잔 콩쿠르 수상자 발표 이후, 무용수를 스카우트하는 리셉션이 있었다. 콩쿠르 심사위원들과 무용 감독들은 나에게 뉴욕에 남아 공부를 더 한 뒤에 뉴욕시티발레단에 입단하라고 권유했다. 그때도 뉴욕은 세계 발레의 중심이라는 위세가 대단했고, 세계의 이목이 집중되는 곳이라 마음이 흔들렸다. 수상의 기쁨과 수많은 무용단의 러브콜에 정신 못 차리고 들떠 있는 나를 단단히 붙잡은 것은 마리카 선생님이었다.

"수진. 너는 아직 덜 컸어. 지금 뉴욕에 남으면 살아남기 어려울 거야. 나와 1년 정도 더 함께 지내자."

내로라하는 유명인들이 뉴욕에서 성공할 수 있도록 도와주겠다며 장담하는데, 그런 장밋빛 미래를 마다할 사람이 있을까? 선생님의 말이 아니었다면, 그래서 정신적으로 단단하게 준비되지 않은 상태에서 뉴욕에 남았다면, 화려한 삶에 도취되고 우쭐해져 더 쉽게 발레를 포기했을 수도 있다.

로잔 콩쿠르에서의 영광스러운 수상 이후 해외 언론에서는 떠들썩하게 동양에서 온 이국적인 발레리나에 대해 이야기했다. 그러나 한국에는 단신 정도로 간략하게 소개되었고 그 어떤 인터뷰 요청도 없었다. 지금처럼 세계 뉴스가 실시간으로 전해지던 시대가 아니니 당연한 일이었다. 마리카 선생님과 나 역시 들떠 있지 않고 조용하고 차분했다.

　나는 그 후로 기숙사에서 나와 마리카 선생님 댁에서 살기 시작했다. 나는 교장 선생님 댁에서 선생님과 함께 생활한 첫 제자였다. 엄격하기로 소문 난 마리카 선생님은 학생들 사이에서 딕타퇴르^{dictateur}, 곧 독재자로 불렸다. 남녀 교제가 금지된 모나코 발레학교에서 교칙을 어긴 학생을 매정하게 퇴학시킨 적이 있는데, 그때 학생들이 마리카 선생님을 향해 딕타퇴르라 수군거리는 걸 들었다. 그러나 내게 선생님은 달랐다. 선생님은 나를 딸이라 부르며 어머니처럼 직접 가정교육을 하셨다. 나 역시 선생님을 어머니라 불렀다.

　한번은 감기 몸살에 걸려 열이 40도까지 올라 정신을 잃고 앓아누웠다. 선생님은 불덩이 같은 내 이마와 배에 손을 얹고 부드럽게 문질러주셨다. 어머니가 "엄마 손은 약손~" 하며 밤새 어루만져주시던 그 느낌이었다. 선생님의 따뜻한 눈길에서, 나를 제자 이상으로 각별히 아끼신다는 것을 느꼈다. 그 후에도 아프다고 하면 나를 편안하게 눕히고 손을 따뜻하게 하신 뒤 내 배를 살살 문질러주셨다. 그러면 탈났던 배가 언제 그랬냐는 듯 싹 낫곤 했다.

　"오! 쥬 쉬 파티게^{Oh! Je suis fatigue}(아 피곤해)."

　선생님은 집에 오자마자 소파에 몸을 내던지며 습관처럼 이 말을 하셨다. 학교에서 선생님은 학생 한 명 한 명의 잠재력을 뽑아내고, 학생들이 다른 일에 한눈팔려 발레 연습을 등한시하지 않도록 세심히 살폈다. 퇴근하고 집에 돌아올 무렵이면 녹초가 되는 것은 당연했다. 그녀의 열성이 감수성 예민한 학생들에게는 까다롭고 고집스럽게 비춰졌지만, 학생들의 실력은 일취월장했고 올곧게 성장했다.

"오! 쥬 쉬 파티게."

국립발레단에서 무용수들과 부대끼며 충만한 하루를 보내고 집으로 돌아오면 마리카 선생님의 그 말투가 생각난다. 나도 그분처럼 후배들을 위해 모든 것을 내어주는 좋은 스승으로 살고 싶다. 문득 '내가 잘하고 있나' 하는 생각이 들 때면 마리카 선생님이 더욱 그리워진다.

무대에 올려야 하는 건 바로 너의 인생이란다

▲▽▲▽▲▽▲▽▲▽▲▽▲▽

마리카 선생님은 발레의 기술보다 인성을 중시하셨다. 선생님 댁에서 사는 동안 집안에서는 발레에 대해서는 한마디도 하지 않고, 가정교육과 예의범절만 중시하셨다.

선생님은 정찬 모임보다 나와 함께하는 식사를 더 중시하셨고, 단둘이 식사할 때도 흐트러짐이 없었다. 늘 깨끗한 식탁보를 깔고, 포크는 먹는 음식에 따라 순서에 맞춰 두고, 냅킨은 잘 접어서 정해진 위치에 두어야 했다. 조금이라도 흐트러지면 선생님의 깐깐한 잔소리가 이어졌다.

모나코 유학 시절, 나는 마리카 선생님과 함께 유럽 각국을 여행 다녔다.
이 사진은 나를 만나기 위해 모나코에 오신 부모님과 함께한 유럽 여행 사진이다.

▲▲▲▲▲▲▲

뿐만 아니라 전 세계 최고 부호들이 이용하는 곳으로 유명한 모나코의 명소 '호텔 드 파리Hotel de Paris' 같은 곳에 데리고 다니면서 파티 예절, 만찬에 초대받았을 때의 식사 예절 등을 가르쳐주셨다. 서양식 식사 절차에 맞춰 결례를 범하지 않으면서 우아하게 식사하는 방법, 낯선 사람을 만났을 때 격식에 맞게 인사 나누는 법, 부드러운 분위기 속에서 대화하는 법 등 사교계에서 필요한 모든 것을 선생님에게서 배웠다.

마리카 선생님은 식사 예절뿐 아니라 식생활까지도 철저하게 챙겨주셨다. 엄격한 선생님 앞에서 나는 치즈 먹는 법까지 울면서 배웠는데, 그럼에도 극복하지 못했던 음식이 있으니 바로 소의 생간이었다. 단백질과 지방 함량이 좋을뿐더러 철분이 많아 빈혈이 생기기 쉬운 가냘픈 발레리나에게 이보다 더 좋은 음식은 없다고 한다. 한국에서도 곱창집에 가면 나오는 귀한 메뉴이지만, 나는 좀처럼 간 요리를 즐기지 못했다. 마리카 선생님은 소를 포함한 각종 간 요리를 해주셨는데, 내가 접시 앞에서 망설이고 있으면 무서운 눈으로 감시했다. 그리고 내가 혹시라도 남기거나 슬쩍 버리기라도 하면 눈물이 쏙 빠지도록 혼을 내셨다.

"발레리나는 누구보다 건강을 챙겨야지!"

그런데도 그 비싼 푸아그라만큼은 절대 입으로 넘어가지 않아서, 선생님 몰래 선생님의 반려견 '솔로리아'의 입에 몰래 넣어주곤 했다. 선생님은 발레리나로서의 기본인 몸 관리에 대해 누구보다도 철저하게 가르쳐주시려고 했던 것인데, 어린 나는 기름지고 비린 그 맛이 그 무엇보다도 싫었던 것이다.

선생님은 내가 발레에만 빠져 안목이 좁아지지 않도록, 다양한 문화적 소양을 쌓을 수 있게 배려해주셨다. 휴일이면 나와 반려견 루시와 룰르를 차에 태우고 모나코 구석구석을 다니며 유적과 문화재를 구경시켜주셨다. 이탈리아의 피렌체, 오스트리아 빈 등 제법 먼 곳으로 자동차 여행을 떠나기도 했다.

사실 굳이 멀리 나가지 않아도 선생님의 집은 발레 세계 그 자체였다. 세계 거장 발레 지도자인 마리카 선생님 댁은 늘 유명 발레인으로 북적였기 때문이다. 나는 혼자였다면 말도 건네지 못했을 거장들과 거실에 앉아 차를 마시고 이야기를 나누었다. 선생님의 단골손님으로는 당대 최고의 발레리노였던 슈퍼스타 루돌프 누레예프가 있었다. 그는 러시아에서 프랑스로 망명하여 러시아 발레를 세계에 알린 주역으로, 최근에는 그의 전기를 바탕으로 영화를 만들 정도로 역사에 길이 남을 위인이었다. 선생님의 제자이기도 한 그는 해마다 여름이면 선생님 댁에 찾아와 한동안 머물렀다. 가끔 연습실에서 함께 연습을 하기도 했는데, 발레리나라면 누구나 한 번쯤 꿈꿔봤을 일을 나는 마치 엄마의 친지들을 만나듯 자연스럽게 받아들였다. 루돌프 누레예프는 병환으로 스승인 마리카 선생님보다 일찍 돌아가셨는데, 돌아가시면서 자신이 키우던 반려견을 가장 믿는 선생님께 맡기셨다. 그 개가 바로 나의 푸아그라를 날름 받아먹었던 솔로리아다.

얼마 전까지 로마 오페라하우스의 발레단장이었던 카를라 프라치 Carla Fracci, 당시 베를린 오페라발레단 프리마 발레리나였던 에바 에브도키모바 Eva Evdokimova, 파리 오페라발레단 프리마 발레리나 모니크 루디에르 Monique Loudiere, 그리고 당시 최연소 나이로 파리 오페라발레단의 프리마 발레리나가 된 발레 천재 실비 길렘 Sylvie Guillem까지, 다른 사람들 같으면 앞에 서자마자 얼어붙을 만한 당대 거장들을 만나 그들의 삶과 생각을 가까이서 바라볼 수 있었다. 음악으로 치면, 파바로티 같은 유명한 성악가와 지휘자 정명훈 같은 사람들이 제집 드나들듯 머물며 시간을 보냈던 것이다.

나는 당시에 그분들이 그렇게 대단한 분들이라는 걸 알지 못했고, 수줍음이 많았지만 궁금한 건 또 못 참아서, 가끔 엉뚱한 질문을 던지곤 했다. "근육 한번 만져봐도 되나요?" 내가 작은 목소리로 여쭤보면 거장들은 소탈하게 웃으며 허락해주셨다.

10대에 발레사에 한 획을 그은 분들을 만나 가까이 지낸 경험은 오래도록 내 정신세계에 영향을 미쳤다. 공포, 불안, 가난으로 고통받던 냉전 시대에 예술가로 활동하며, 예술을 통해 인간의 마음을 위로하고 풍요롭게 한 분들로부터 그 역할과 가치를 배웠다. 예술인이자 지성인으로 한 시대를 풍미했던 대가들. 그들이 보여준 예술에 대한 순수하고 진지한 태도, 강인한 정신, 뜨거운 열정이 지금까지도 내게 남아 있다.

마리카 선생님 댁에서 1년 동안 생활한 뒤, 나는 선생님의 조언에 따라 슈투트가르트발레단에 오디션을 보고 입단했다. 선생님은 "가족적인 분위기일 뿐 아니라, 클래식, 스토리, 네오클래식, 모던 등 모든 장르의 작품을 배울 수 있는 곳이라 수진! 너에게 가장 좋은 발레단이다"라고 하셨다.

선생님은 내가 선생님을 떠나 슈투트가르트발레단에 입단한 이후에도, 중요한 무대에 오를 때마다 먼 길을 마다 않고 찾아와 축하해주셨다. 내가 프로 발레리나가 된 이후에는 딱히 날카로운 비평이나 따끔한 충고의 말을 하지 않으셨다. 무대가 끝나고 반가운 마음에 선생님께 달려가면 친할머니처럼 살갑게 맞아주셨고, "수진, 축하해. 네가 너무나 자랑스럽다" 하고 따뜻한 응원의 말을 건네셨다.

2000년 이후 선생님께서는 병환을 얻어 이전처럼 활동하실 수 없게 되었다. 나 역시 슈투트가르트발레단의 주역으로 활동하고 있어 쉽게 찾아갈 수 없었다. 그러다가 내가 부상으로 1년 넘게 발레를 쉬면서 선생님께 몇 차례 찾아간 적이 있었는데, 선생님은 그때도 '부상을 이겨내야 한다'라거나 '지금 이렇게 쉬고 있으면 안 된다' 하는 말을 하신 적이 없다. 그저 나를 믿고 애정 어린 시선을 보내셨을 뿐이다. 말 한마디보다 깊은 애정과 신뢰가 내게 위안이 되고 힘이 된다는 걸 잘 알고 계셨던 것이다.

선생님은 생전에 몸만 있고 영혼이 없으면 시체이고, 영혼만 있고 몸이 없으면 유령이라며, 발레에는 몸과 영혼의 조화로움이 중요하다고 강조하셨다. 훌륭한 발레를 하려면, 먼저 훌륭한 사람이 되어야 한다고 가르쳐주셨다. 더 높은 도약을 위해서는 실력뿐 아니라 인성을 키워야 한다는 강한 신념이었다. 인생에 그런 스승을 만날 수 있다는 것만큼 행운은 없다. 삶의 모든 순간을 무대에 올리라는 선생님의 가르침은 예나 지금이나 나를 움직이는 힘이다. 발레단에 입단하여 프로 발레리나가 된 이후에도 그런 삶을 살고자 부단히 노력했고, 국립발레단에서 예술감독으로 일하는 지금도 철학으로 삼고 있다.

2

100%의 하루

오늘이
나의 완벽한
무대다

1

하찮은 오늘이란 없다

나는 프로페셔널 무대에 데뷔한 후에도 굉장히 늦게 빛을 보았다. 슈투트가르트발레단에 만 18세로 입단할 때만 해도 '최연소'라는 자랑스러운 타이틀이 달려 있었다. 하지만 다른 사람들보다 훨씬 더 오래 막내 생활을 해야 했다. 나중에 얻은 명성만 보고 사람들은 처음부터 주역을 맡았으리라 생각하지만, 나는 주역 뒤에서 배경이 되는 존재인 군무corps de ballet 생활을 7년이나 했다.

존 크랑코의 창작 발레 〈샐러드Salade〉 연습 장면.

▲▲▲▲▲▲▲

2장 100%의 하루 ▲▲▲▲▲   오늘이 나의 완벽한 무대다

슈투트가르트의 그림자로 7년

▲▽▲▽▲▽▲▽▲▽▲▽

나의 무대는 그렇게 모나코에서 독일의 슈투트가르트로 옮겨졌다. 슈투트가르트는 세계 최고의 명차로 꼽히는 벤츠, 포르셰의 본사 등 주요 공장들을 보유한, 손에 꼽히는 공업도시다. 인구 50만의 전형적인 유럽의 소도시로, '슈바르츠발트Schwarzwald'라고 불리는 '검은 숲' 지역의 한가운데에 있어 도시가 숲 그 자체라 할 정도로 나무가 많다. '바람과 숲의 도시'라는 별명에 걸맞게 늘 청명한 바람이 부는 곳이다. 나의 발레 인생을 펼쳐나간 슈투트가르트발레단은 슈투트가르트 오페라하우스에 속해 있는데, 바로 앞마당에는 호수가 펼쳐져 있고 상아색의 웅장한 건축양식이 보석처럼 빛나는 아름다운 곳이었다.

독일 남부 바덴뷔르템베르크 주의 주립 발레단인 슈투트가르트발레단은 그야말로 세계적인 발레단이다. 정부와 기업으로부터 대규모의 후원을 받을 뿐 아니라 20년 전부터 지금까지 1,400석의 객석이 거의 만석일 정도로 높은 티켓 파워를 자랑한다. 18세기 슈투트가르트 오페라하우스의 안무가였던 장 조르주 노베르가 오페라의 배경이나 부속품 정도로 여겼던 발레를 드라마를 강조한 독립된 장르로 만들어냈고, 20세기 드라마발레의 완성자로 세계 발레의 한 페이지를 장식한 존 크랑코John Cranko가 지금의 슈투트가르트발레단의 명성을 드높였다. 발레사에서 독보적인 역사를 지닌 이곳에서 수많은 걸작 발레가 탄생했다. 또 케네스 맥밀런, 존 노이마이어, 윌리엄 포사이스 등 세계적인 안무가를 배출했으며, 발레의 유엔이라 불릴 정도로 다양한 국적의 무용수들이 최고의 기량을 뽐냈던 곳이기도 하다.

로잔 콩쿠르에서 입상하고 슈투트가르트발레단 오디션에 합격하여 당시 최연소로 입단한 나는 그런 발레단의 일원이 된다는 사실에 감격한 채 장밋빛 미래를 꿈꾸고 있었다. 하지만 내 기대와 달리 현실은 밑바닥이었다. 1986년 발레단에 입단하여 군무에 속한 무용수가 되었을 때 첫 월급으로 1,700마르크를 받았다. 당시 원화로 100만 원 정도였다. 당시 물가를 생각하면 적은 돈은 아니었지만, 나는 시내에서 조금 떨어진 곳에서 월세 200마르크짜리 지하방에서 살았다. 아침에 극장으로 출근하면 밤 11시는 되어야 퇴근했기 때문에 집은 잠만 자는 곳이었다. 그런 생활을 하는데 굳이 비싼 방세를 내고 좋은 곳에 살 필요가 없다고 생각했다. 내 지하방의 살림살이도 식탁 하나, 의자 하나, 낡고 조그마한 침대 하나가 전부였다. 그마저도 이전에 살던 사람들이 두고 간 것이었다.

지하방 한쪽에 조그마한 창문이 하나 있었지만 잘 열리지 않았다. 사계절 내내 볕이 잘 들지 않으니 방은 늘 습했고 벽과 천장 곳곳에는 곰팡이가 폈다. 옷에도 몸에도 퀴퀴한 곰팡이 냄새가 가시지 않았다. 늘 화창한 모나코와 달리 독일, 특히나 슈투트가르트는 흐린 날이 많았다. 독일에서 맞은 첫해 겨울은 기온이 영하 20도까지 내려갈 만큼 추웠다. 칼바람이 뼛속까지 파고들었다. 크리스마스와 새해를 추위와 싸우며 집에서 혼자 맞아야 했다.

무대에서도 삶에서도 나는 그저 들러리인 것 같았다. 첫 2년간은 군무로도 거의 무대에 서지 못했다. 클래스도 충실하게 듣고, 연습도 빠지지 않았지만 마음이 그곳에 있지 않았다. 무기력한 상태에서 우울증이 찾아와 연습량은 줄고 폭식으로 살이 10kg이나 쪘다.

그러던 어느 날 선배의 부상으로 〈레 실피드 Les Sylphides〉라는 작품에 군무 자리가 한 자리 비게 되었다. 리허설도 없이 갑작스레 대역으로 무대에 서야 하는 상황. 무대 위에서 나는 눈을 뜬 채로 악몽을 꾸는 것 같았다. 아니 악몽이기를 바랐다. 한 몸처럼 움직이는 합이 중요한 군무에서 나 혼자만 계속해서 틀린 동작을 하고 있었던 것이다. 다 같이 팔을 올리는데 나혼자 팔을 내리는 엇박자가 한두 번이 아니었다. 실수를 너무 많이 해서 다음 날 당장 해고되어도 할 말이 없었다. 정신이 번쩍 들었다. 꿈에 그리던 무대에 섰는데 그 기회를 어이없게 날려버리다니 참담했다. 무대에 설 가능성이 없어도 늘 준비돼 있어야 한다는 것을 처절하게 깨달았다.

그날부터 피나는 연습을 시작했다. 매일 땀과 눈물을 쏟아냈다. 하루에 토슈즈를 서너 켤레씩 갈아 치웠다. 슈투트가르트 극장의 물품 담당자가 제발 토슈즈 좀 아껴 신으라고 충고할 정도였다. 한 시즌에 토슈즈를 몇 백 켤레씩 닳아 없앴다. 그러자 '강수진이 이렇게 잘했었나'라며 다시 돌아볼 만큼 실력이 성장하기 시작했다.

ᐯᐱᐯᐱᐯᐱᐯᐱᐯᐱᐯᐱᐯᐱᐯᐱᐯᐱ

아침에 일어나서 몸이 아프지 않으면
무언가 잘못되었다는 생각이 든다.
생각대로 몸이 움직이지 않으면
영혼이 아픈 것 같다.
방안에서 따뜻하게 휴식을 취하고 있어도
나의 몸은 계속 발레를 하는 듯하다.
온전한 몰입만이
나의 이 뜨거운 마음을 무대에 올릴 수 있다.

ᐯᐱᐯᐱᐯᐱᐯᐱᐯᐱᐯᐱᐯᐱᐯᐱᐯᐱ

입단 후 처음 무대에 오른 것은 1987년 〈잠자는 숲속의 공주〉의
엑스트라와도 같은 군무였다.
그로부터 8년 뒤, 1995년 주인공 오로라공주가 되어 무대에 올랐을 때
나는 이전과는 다른 발레리나가 되어 있었다.

▲▲▲▲▲▲▲

걸어온 모든 걸음이 나를 응원한다

▲▽▲▽▲▽▲▽▲▽▲▽▲▽

좋은 공연은 주역, 군무, 음악, 안무, 극장 관리, 홍보 등 공연을 맡은 모든 사람이 역할에 최선을 다할 때 만들어진다. 주역 무용수가 아무리 춤을 잘 춰도 군무 무용수의 수준이 떨어지면 좋은 공연이 될 수 없고, 군무가 아무리 합 맞춰 잘 춰도 주역이 시원찮으면 공연은 실패한다. 군무가 무대에 등장하는 시간, 관객의 주목을 받는 시간, 언론의 스포트라이트를 받는 시간은 주역과 비교할 수 없이 적지만, 공연 성공에 기여하는 한 축이라는 측면에서는 주역만큼 귀하다.

뼈아픈 실수를 통해 군무의 중요성을 깨달은 뒤로는, 무려 7년이나 군무를 추면서도 무대마다 내가 주역인 것처럼 최선을 다했다. 발레단에 입단하자마자, 혹은 군무에서 주역으로 깜짝 발탁되어 일약 스타가 되는 경우도 간혹 있다. 하지만 나는 그러지 못했다. 1986년에 입단하여 1년이 지난 뒤에야 〈잠자는 숲속의 공주 The Sleeping Beauty〉의 군무를 추는 요정 역 중 하나로 처음 무대에 섰고, 입단 후로 7년이 지난 1993년에 〈로미오와 줄리엣〉의 줄리엣 역으로 첫 주역을 땄다. 솔리스트로 승격된 것은 1994년이었다. 그 이후로도 3년은 더 군무를 병행했다. 수석 무용수인 프리마 발레리나로 승격된 것은 1997년 〈오네긴〉의 타티아나를 맡으면서였다. 그러니까, 18세에 입단해서 11년 만인 29세에 주역이 된 것이다. 전 단계를 한 단계씩 한 단계씩 거치다 보니 어느덧 나이는 서른을 바라보고 있었다.

하지만 느려도 한 단계씩 기량을 높이며 성장했기에 무용계에서 나의 입지는 탄탄했다. 내가 쌓은 것에 요행은 하나도 없었다. 작은 것 하나도 피땀으로 단단하게 쌓은 내 실력이었기에, 쉽사리 무너지지 않으리라는 믿음이 있었다.

모든 과정을 밟아온 나는 모든 단계에 있는 단원들의 마음을 누구보다 잘 이해했다. 주역으로 발탁된 동료를 질시하거나, 함께 춤추는 군무 동료들을 무시한 적은 한 번도 없다. 동료들 역시 오랜 군무 생활을 묵묵히 보낸 나를 존중해주었다. 아주 느린 걸음이지만 한 단계 한 단계 놓치지 않고 꼭꼭 밟아온 그 길을 인정해준 것이다. 깊이 뿌리내린 이해를 바탕으로 단원들과 쌓은 신뢰는 무엇보다 파트너십이 중요한 발레 세계에서 장수하는 데 큰 도움이 되었다.

포기하지 않았기에 가능한 변화였다. 시작이 늦었다고, 발전이 더디다고 포기해버렸다면 지금의 강수진은 될 수 없었을 것이다. 지각할 것 같으면 '에이, 어차피 늦은 거 그냥 가지 말까?'라는 생각이 드는 것이 사람 마음이다. 늦었으면 더 열심히 따라가 만회하면 되는데, 조금 늦으면 자꾸 조바심을 낸다. 빨리 가려고 편법을 쓰다가 잘 안 되면 아예 포기하기도 한다. 지각은 조금 느리게 가는 것 뿐 실패가 아니다. 지각의 늪에 빠져 '나는 이미 늦었어'라고 시도조차 하지 않는다면 여지

없이 실패에 다다른다. 나는 토끼처럼 뛰어가는 동료들 속에서 거북이처럼 늦었지만, 부지런히 느릿느릿 나만의 속도로 나만의 스텝을 올곧게 만들어나갔다.

2

후회를 남기기에는 인생이 너무 짧다

한 다리를 뒤로 들어 올린 채 흔들림 없이 버티는 아라베스크^{Arabesque}, 발끝을 중심축 삼아 끊임없이 회전하는 피루엣^{Pirouette}, 그리고 땅을 박차고 공중으로 뛰어오르는 그랑주떼^{Grande Jete}······. 발레는 동작 하나하나가 중력을 거부하는 예술이다. 발레를 해본 적이 없는 사람은 다리를 드는 발레 동작을 세 번만 반복해도 곧 몸이 좌우로 요동치고 다리에 쥐가 나기 시작할 것이다.

무용수가 나비처럼 훨훨 날아오르기 위해선 강철만큼 단단한 근육의 힘이 필요하다. 무대에서 지구 중력을 거스르고 하늘로 솟아오르기 위해 발레리나는 온몸의 실낱같은 근육을 하나하나 강철로 단련한다. 나 역시 그랬다. 무대 연기는 한없이 연약하고 부드럽지만, 몸속 근육은 무쇠같이 단단하다. 그런 모습을 보고 사람들은 나를 '강철 나비'라고 불러주었다.

어제보다 한 번 더 뛰어올라라

발레리나 시절, 새벽 5시 반에서 6시면 자연스레 눈이 떠졌다. 부상으로 인해 몸을 일으킬 수 없을 정도로 아프지 않은 한 망설임 없이 침대에서 일어나, 커피머신의 전원을 켜고, 커피가 완성될 때까지 사우나를 틀어놓는다. 이 두 가지를 하는 데 1분이 채 걸리지 않는다. 남편이 강아지를 데리고 숲으로 산책하러 나가면, 커피를 한 잔 따라서 사우나에 들어가 15~20분 동안 땀을 흘리며 근육을 푼다. 근육을 쉬지 않고 계속 쓰면 산[*]이 쌓여 근육통이 온다. 날마다 쌓이는 산을 조금이라도 빨리 몸 밖으로 빼내기 위해 시작한 것이 사우나이다. 아침 사우나는 밤사이에 굳어진 근육을 푸는 데 효과적이다. 단순히 피로 회복과 휴식의 효과만 있는 것이 아니라, 오전 연습 전에 경직된 근육을 빠르게 풀어주는 효과도 있다. 특히 추위로 몸이 잘 굳는 겨울에 아침 사우나를 하면 가뿐한 몸으로 하루를 시작할 수 있다.

사우나가 끝나면 스트레칭과 함께 고강도 훈련이 시작된다. 발레리나로 살았던 30여 년 동안 아침 2시간 훈련을 철칙으로 지켜왔다. 발레단에 출근하면 몸을 풀기 위한 발레 클래스가 기다리고 있지만, 나는 집을 나서기 전부터 이미 준비된 사람이 되고 싶었다. 그래서 방 한 칸을 연습실로 만들어 훈련했다. 다른 무용수들과 합 맞춰 연습하기 전에, 무대에 오르기 전에, 최고의 근육 상태를 만들어 하루를 열기 위해서였다.

그러기 위해 혼자 할 수 있는 가장 좋은 방법은 바로 트램펄린이었다. 근육을 강화하기 위한 점프를 도와주는 운동기구인 트램펄린은 20분이면 2천 번을 뛸 수 있다. 똑같은 동작을 반복하는 운동이기 때문에 누구든 금세 집중력이 떨어진다. 훈련을 잘 받은 발레리나도 계속 점프를 하다 보면 집중력이 떨어지고 쉽게 무너진다. 10분만 점프해도 숨이 턱까지 차고 입속이 사막처럼 말라붙는다. 다리는 후들후들 떨려서 바닥에서 5센티미터도 뛰지 못할 지경에 이른다. 점프하는 20분은 나 자신과의 지독한 싸움이다.

나이가 들면 체력이 약해져서 운동 실력이 떨어진다고 생각하기 쉽지만, 나는 오히려 어렸을 때 그 20분을 채우지 못했다. 극도의 근육통을 이겨내고 높이 뛰는 것에만 집중하기가 쉽지 않았다. 그러던 어느 날, 20분을 다 채우고 나아가 21분을 해냈을 때의 만족감과 희열은 천

국을 맛보았다고 할 만큼 컸다. 20분만 채워도 좋지만, 1분이라도 더 해서 21분 동안 점프를 해내면 그날은 어제보다 훨씬 더 굉장한 하루가 됐다. 다음 날 연속으로 22분을 해낼 수 있으면 좋지만 만만치 않다. 체력과 정신적인 한계로 21분에서 한 달이고 두 달이고 정체될 수 있다. 하지만 1분 더 해내는 것을 목표로 계속 나에게 싸움을 걸면, 단단하게 단련된 나는 어느새 22분을 넘어 23분, 24분 연속 점프를 할 수 있게 된다. 오히려 나이가 들수록 집중력과 지구력이 좋아져서 훈련을 이겨내는 데 큰 힘이 되었다.

매일 어제의 나를 넘어서는 혹독한 연습을 하기는 결코 쉽지 않다. 발레를 시작한 지 30년이 넘은 나도 '아 오늘은 연습 쉬고 온종일 소파에 누워 재미있는 한국 드라마를 보고 싶다'는 생각이 절로 든다. 그 잠깐의 휴식이 달콤할 것 같지만, 그 휴식은 독이 되어 돌아온다. 오늘 쉬면 실력이 어제, 그저께의 상태로 퇴보하기 때문이다. 그러니 연습을 멈추고 쉬고 싶어지는 매 순간순간이 고비나 다름없었다.

독일어로 고비는 'krise'이다. 이 단어는 '가르다', '나누다'는 뜻의 그리스어 'kritein'에서 유래했다고 한다. 우리는 고비가 매우 길다고 생각하지만 고비는 '이것 아니면 저것' 둘 중의 하나를 고르는 찰나인 경우가 많다. 그래서 잠시 잠깐 내 몸을 느긋하게 하는 편한 선택을 하는 대신에, 조금 힘들지만 어제의 나를 넘어 더 나은 미래로 나아가는 선택을 하면 된다. 일단 그렇게 선택하면 그다음으로 나아가는 것은 쉽다.

30여 년 동안 발레 한 길만 걸었지만, 이만하면 내 발레가 충분하다고 생각한 적은 단 한 번도 없었다. 오늘 하나를 더 배우면 내일 더 나은 공연을 선보일 수 있기에, 오늘의 경험을 어느 것 하나 소홀히 할 수 없었다. 나만 좋으려면 집에서 혼자 춤추면 되고, 그렇게 필사적으로 연습할 필요도 없다. 하지만 지금까지도 나는 프로페셔널 발레리나란 관객을 꿈꾸게 해야 한다고 믿는다. 공연을 즐겁게 관람한 관객은 집으로 돌아가며 고단한 일상을 위로받고, 오늘에 행복을 느끼고, 내일을 꿈꿀 것이기 때문이다. 관객이 2시간 공연 동안 아무런 감흥을 느끼지 못한 채 발길을 돌린다면, 그건 명백하게 실패한 공연이다. 그렇게 관객이 발길을 끊는다면 발레리나는 더 이상 춤을 출 수 없다. 정말 사랑하는 일을 계속하기 위해서라도 끊임없는 노력이 필요한 것이다.

"연습은 연습이고 공연은 공연인데, 그렇게 매사에 치열해야 하나요?"라고 생각하는 사람도 있을 것이다. 실제로 그렇게 생각하는 무용수도 많다. 이들은 연습은 크게 무리하지 않는 선에서 하고, 공연 때 최선을 다해 좋은 모습을 보이면 된다고 생각한다. 내 생각은 조금 다르다. 연습에서 끝장을 내지 못하는 사람치고 공연에서 기교의 끝, 표현의 끝, 파트너와 호흡의 끝, 감동의 끝을 선보인 사람을 본 적이 없기 때문이다. 삶의 매 순간 한눈팔지 않고 끝을 보기 위해 최선을 다한 사람만이 스스로 만족하고 관객에게 감동을 주는 공연을 무대에 올릴 수 있다.

다방면에 재능 있는 사람들이 주목받는 세상이지만 나는 평생 발레 하나만 보고 살았다. 무대에서도 마찬가지였다. 오늘 내가 선 무대에서 내 모든 것을 쏟아부었다. 내일 뭔가 대단한 일을 이루겠다고 말하기보다는 오늘 무엇을 할까를 고민하는 삶이었다. 한 번 사는 인생, 내일 무슨 일이 벌어질지 모르는데 오늘 할 수 있는 일을 하지 못한다면 얼마나 아쉬울까. 내일 발레를 못하게 될 수도 있지 않은가. 언제나 그런 생각이 나를 가득 채웠다. 나는 내가 가장 사랑하는 발레를 오늘 최선을 다해 사랑하고 사랑했다.

18시간의 몰입

아침에 눈을 떴을 때 몸이 아프지 않으면 '어제 내가 연습을 게을리 했나?' 하는 의심이 들곤 했다. 그렇게 곰곰이 떠올려보면 연습이 유독 만족스럽지 못한 날이 있다. 그런 날은 충분히 몰입하지 못한 날이었다. 집중력이 떨어져 목표의 95%밖에 해내지 못한 날은 잠도 잘 안 온다. 조금이라도 일찍 극장에 가서 연습하고 싶어 다음 날은 알람이 울리기도 전에 눈이 번쩍 떠졌다. 연습실로 달려가 어느 날보다 더 몰두했다. 몰입하여 연습한 한 시간은 대충 연습한 세 시간보다 강했다.

하루 4시간 자면서 일한다고 모두 성공하는 것은 아니다. 새벽 4시에 일어나든, 8시에 일어나든 중요한 것은 깨어 있을 때 얼마나 몰입하느냐 하는 것이다. 열심히 했다는 것만으로는 부족하다. 나의 두뇌, 마음, 에너지를 한 곳에 다 쏟아야 성과가 난다.

혹독한 연습을 장시간 해낼 수 있는 힘 역시 몰입이다. 억지로 대충대충 연습하면 하루 1시간도 힘들지만, 제대로 몰입하면 하루 18시간도 가능하다. 스님이 잡념을 비우기 위해 수련하듯, 나 역시 수련하는 마음으로 발레에 임했다. 발레에 빠져들면 일상의 잡념이 깨끗이 사라지고 내면은 한없이 고요해졌다.

"어머 수진! 옷을 거꾸로 입었어!"

가끔은 극장에 옷을 거꾸로 입은 채 출근하기도 했는데, 아침에 눈 뜨자마자 어제 못한 동작, 오늘 연습할 것만 생각하니 옷이 눈에 들어올 리 없었던 것이다. 누가 말을 걸어도 못 듣는 때도 많았다. 동료 발레리나들은 이런 나를 보고 '수도승 같다'고도 했다. 같은 일이 반복되니 동료들도 "수진은 원래 그러니까" 하고 대수롭지 않게 여겼다.

나는 모든 예술에 필요한 독창성과 직관력은 완전한 몰입 상태에서 나온다고 생각한다. 가만히 앉아서 상상만 한다고 독창성이 생기는 건 아니다. 깨어 있는 순간에 오로지 그것만 생각할 때 비로소 새로운 것이 탄생한다. 나는 하루 중 어느 한 순간도 발레를 하고 있지 않은 시간이 없었다. 대화를 할 때, 길을 걸을 때 내가 느낀 모든 감정을 내 발레에 쏟아부었다. 진심으로 그 일을 즐기지 않으면 '미친' 듯한 몰입

상태에 빠지기 어렵다. 내가 할 수 있는 가장 즐겁고 재미있는 일이기 때문에 그렇게 했던 것이다.

무대에서도 마찬가지다. 역에 완전히 몰입하면 관객의 얼굴, 표정, 환호도 느껴지지 않는 상태가 된다. 그렇게까지 몰입하지 않으면 누구든 할 수 있는 평범한 작품이 되어버린다. 나는 공연 전 분장을 하는 순간부터 집중을 시작한다. 무대에서 줄리엣으로 춤출 때, 내 정신 어디에도 강수진의 흔적은 없다. 널지 않고 온 빨래, 친구와의 저녁 약속, 해외 공연에 대한 걱정은 머릿속에서 완전히 사라진다. 로미오를 향한 줄리엣의 애타는 마음만이 나를 사로잡는다. 나를 통해 줄리엣을 만난 관객들은 삶의 고단함은 완전히 잊고 다른 차원의 세상에 들어선다.

그렇게 다른 차원으로 들어가는 몰입을 하고 나면, 설령 어떤 잘못된 결과가 벌어진다고 해도 후회가 들지 않는다. 나도 살면서 엄청나게 큰 실수를 하기도 하고 잘못된 선택을 하기도 했다. 하지만 그 순간에는 최선의 선택이었기에 후회는 없다. 잘못된 선택도 나의 선택이니 책임지면 된다. 실수하지 않으면 배울 수 없으니까. 중요한 것은 지금이다. 지금 제대로 몰입하지 않으면서 한때의 실수를 후회하고 앞으로 잘하겠다고 다짐하는 것은 무의미하다. 그럴 시간에 하나라도 더 배우는 것이 낫다. 나는 큰 고민이 있어도 1시간을 넘기지 않는다. 오늘 해야 할 일에 집중하면, 고민은 온데간데없이 사라진다.

누구나 시간은 부족하다

▲▽▲▽▲▽▲▽▲▽▲▽

나는 까다롭지도 않고 싫어하는 것이 많은 성격도 아니다. 오히려 만사에 낙관적인 편이다. 그렇지만 내가 가장 싫어하는 일이 있다면 시간 약속을 어기는 것이다. 발레리나의 일상이란 연습, 리허설, 공연, 휴식같이 매우 규칙적인 일과의 반복이었다. 아침에 일어나 차를 마시고, 사우나를 하고, 아침 연습을 하고, 산책을 하고, 발레단으로 출근하는 일까지 시계를 보지 않아도 매분 매초 정확한 시간에 정해진 일과가 벌어졌다. 그렇게 계획된 하루 일과를 모두 다 이루려면 말 그대로 1분 1초도 아깝다. 그런 내가 다른 사람의 아쉬운 1분 1초를 빼앗는다면 그것만큼 부끄러운 일도 없다.

　이런 생활은 발레에 재미를 붙이기 시작한 중학교 2학년 때부터 시작되었다. 남들과 똑같이 주어진 하루 동안 남들이 하는 것 이상을 해내고 싶은 열정이 나를 그렇게 만들었다. 사랑에 빠지고 성실한 청년으로 거듭났다는 소설 속 이야기처럼, 발레와 사랑에 빠지자 학교 공부도 더 열심히 했다. 발레를 한다는 핑계로 공부를 게을리 하는 학생이 되고 싶지 않아서, 중학교 내내 전과목 점수가 90점이 넘었고, 석차도 전교 20등을 벗어난 적이 없었다.

　'따르르릉, 따르르릉'

4시 30분, 알람 소리가 3번 울리기도 전에 벌떡 일어났다. 나보다 일찍 일어난 엄마가 챙겨준 도시락을 들고 버스를 타고 도서관에 도착하면 새벽 5시. 자리에 앉아 오늘 배울 과목 중 한 과목을 공부하기 시작한다. 고지식한 성격 탓에 음악을 들으며 공부하거나, 이 과목 저 과목 바꿔가며 공부하지 못했다. 무조건 하루에 한 과목만 죽어라 팠다. 도서관 창문으로 희미하게 새어들던 햇빛이 어느새 도서관을 환하게 밝히면, 도서관을 빠져나와 학교로 가는 버스에 몸을 실었다.

학교까지 가는 버스 안에서도 책을 읽었다. 버스 좌석 깊숙이 눌러 앉아 한 손에는 교과서를 들고, 다른 한 손에는 좋아하는 과자를 들고 과자를 오물거리며 책장을 넘기는 그 시간이 좋았다. 달콤한 시간을 즐기다 버스에서 내려 교문 앞에 도착하면 교문이 열리기 2~3분 전이었다.

친구들은 쉬는 시간에 재잘거리며 놀기 바빴다. 하지만 나는 그 짧은 10분 동안에도 복습을 해야 했고, 점심시간에는 발레 연습을 했다. 학교 수업이 끝나면 곧바로 연습실로 달려가 저녁 9시까지 발레 연습에 매달렸다. 연습 후에는 학교가 문 닫는 시간까지 남아 그날 수업에서 배운 것을 복습했다. 나는 예습보다, 배운 것을 온전히 내 것으로 만드는 복습을 더 좋아했다.

좋아하는 일에 푹 빠져 있다 보니 저녁을 거르기 일쑤였다. 밥 먹을 때가 한참 지나고 나서야 '아차, 밥을 안 먹었지!'라고 깨달았다. 어느 날은 아침에 엄마가 싸준 도시락을 학교에 들고 가서 먹지 않고 그대로 집에 들고 왔다. 밥 먹는 걸 까먹은 것이다. 엄마가 "수진아, 너 오늘 왜 도시락 안 먹고 그냥 들고 왔니?"라고 말씀하신 뒤에야 도시락을 안 먹었다는 것을 알았다.

주말에는 아침부터 도서관으로 직행했다. 내가 살던 휘경동 동네 약국 뒤편에 오래된 도서관이 하나 있었다. 낡고 관리가 잘 안 되었지만, 공부하고 싶은 만큼 오랫동안 이용할 수 있었다.

다른 아이들보다 늦게 시작했으니 발레 연습을 더 많이 해야 하는데, 그러려면 공부 시간이 줄어들 수밖에 없었다. 두 마리 토끼를 다 잡으려면 별수 없었다. 이른 아침 시간과 잠자리에 들기 전 시간을 온전한 내 시간으로 만드는 수밖에.

예나 지금이나 나에게 주어진 시간은 한정적이다. '어떻게 하면 시간을 100% 온전히 나를 위해 쓸 수 있을까?' 하는 고민은 끝이 없다. 사랑하는 사람이 생기면 1분 1초라도 더 함께 있고 싶듯이, 발레는 조금이라도 더 함께하고 싶어 애가 타는 연인이었다. 발레 연습을 더 하기 위해 시간을 쪼개고 쪼갰다.

자연스레 나는 주어진 시간을 효율적으로 사용하는 방법을 깨쳤다. 첫째, 나는 발레 이외의 것에는 관심을 일절 두지 않았다. 어쩌면 이는 자연스러운 일이었다. 여기저기 기웃거리느라 시간을 낭비하지 않고, 내게 주어진 시간을 발레를 더 잘해내는 것에만 집중했다. 둘째, 내일을 기다리지 않고, 오늘 할 일은 오늘 끝마쳤다. 노력한 만큼 결과가 나오는 것이 세상 이치. 오늘 할 일을 내일로 미루고, 아까운 시간을 그냥 흘려보내면 결과는 기대에 못 미치고 후회만 남는다. 힘든 날에도 진한 커피 한 잔을 내려 마시고 할 일을 해치워버렸다. 거기서 자신감이 생기고 성과가 났다. 셋째, 한발 더 나아가, 내일 할 일을 오늘 계획에 포함시켰다. 그렇게 어제보다 오늘 더 발레를 사랑하기 위한 마음은 날로 커져갔다.

성공은 먼 미래가 아닌 '오늘'에 있다

▲▽│▲▽│▲▽│▲▽│▲▽│▲▽

"에이, 잠은 무덤에서 자면 되죠."
나는 평소에도, 인터뷰를 할 때도 이 말을 자주 한다. 이 말을 하면 사람들이 혀를 내두른다. 존경스럽다는 사람도 있지만 이해가 되지 않는다는 표정을 짓는 사람도 있다. 발레리나 시절에도 그랬고, 국립발레단 예술감독이 된 지금도 이렇게 묻곤 한다.

"강수진 씨는 발레리나로 이룰 만큼 이뤘는데, 왜 여전히 그렇게 치열하게 사는 거죠?"

그럴 때마다 나는 거꾸로 이렇게 묻고 싶어진다.

"이토록 가슴 벅찬 희열을 얻을 기회를 왜 피하려고 하는 거죠?"

그 느낌을 한 번이라도 경험해본 사람이라면 알 수 있다. 하루를 100%로 사는 것은 99%의 잔에 1.1%를 더 채워 그 잔을 넘쳐흐르게 하는 것과 같다. 부족함 없이 꽉 채우고 조금이라도 넘치는 하루를 경험해본 사람만이 느낄 수 있는 충만한 기쁨이 있다.

많은 사람이 내 업적으로 '한국인 체형으로 세계적인 발레리나가 될 수 있다는 것을 보여줌으로써 후배들에게 세계 무대의 길을 열어주었다'는 것을 꼽는다. 물론 나는 발레를 하기에 완벽한 체형은 아니었다. 그래서 더 열심히 연습했다.

몸도 노력하면 바뀐다. 팔이 조금 짧다면 가늘고 긴 근육을 발달시키기 위해 그에 맞는 훈련을 하면 되고, 발이 다른 사람보다 덜 유연하다면 남들보다 더 많이 연습하면 된다. 나는 이를 '근육을 조각'하는 일이라고 부르는데, 각 작품에 맞게, 그리고 나의 존재감을 더 드러내줄 수 있게 근육 하나하나를 만들어나가는 일이다. 그렇게 나는 30년 동안 하루하루 발레리나로서 가장 완벽한 모습으로 내 몸을 조각하고, 근육 하나하나가 살아 움직이도록 단련해나갔다.

그러나 내가 생각하는 나의 가장 큰 업적, 가장 듣고 싶은 찬사는 '강수진은 보잘것없어 보이는 하루하루를 반복해 대단한 하루를 만들어낸 사람'이라는 것이다. 나의 모든 업적, 성공담, 발레 세계에서의 지위는 100%의 하루를 살아냄으로써 얻은 성과물이다. 나는 내일에 희망을 품는 대신, 지금 이 순간에 목숨을 걸어왔다. 오늘 무슨 일이 일어날지 모르는 것이 인간의 삶. 100%의 하루를 산 사람은 지금 세상이 멸망해도 후회가 없다고 믿어왔다.

그렇다고 매일매일 엄청난 양의 계획을 세우라는 것이 아니다. 자신의 컨디션에 맞게 적당한 계획을 세우고, 그 계획을 100% 이뤄내는 것이 좋다. 다 해내지 못할 계획을 세우고 매일 자책의 밤을 지새우는 것은 시간 낭비일 뿐 아니라 자존감을 무너뜨린다. 사람은 모두 다 다르므로 남과 비교해 계획을 세우기보다, 내 한계 속에서 내가 오늘 하고자 했던 일에서 끝을 보는 것이 좋다.

'Today is a new day.'

어제는 어제일 뿐, 오늘은 새로운 날이다. 새로운 하루가 주어진다는 것은 얼마나 기적 같은 일인가. 그저 어제보다 오늘 조금 더 해내면 된다. 크고 대단한 성취를 해내지 못했다 하더라도, 스스로 평가했을 때 어제보다 더 나은 하루를 살면, 그 하루에 만족할 수 있으면, 오늘의 나는 어제의 나보다 조금 더 진화할 수 있다. 그 사소한 '조금 더'가 모여 경쟁자들이 따라올 수 없는 결정적인 차이를 만들어낸다.

파리 오페라극장에서 공연하기 전 클래스.
늘 여러 작품을 동시에 연습하며 무대에 오르기 때문에 한 순간도 놓치지 않고
연습에 열중해야 한다.

▲▲▲▲▲▲▲

지리 킬리언이 안무한 〈구름Nuages〉의 한 장면.
유연한 동작 속 강인한 에너지가 돋보인다는 평을 받았다.

▲▲▲▲▲▲▲

3

매일 성장하는 즐거움을 놓치지 마라

"희귀병을 앓고 있는 사람의 발이 아닙니다. 사람의 발을 닮은 나무뿌리도 아니고, 사람들 놀라게 하자고 조작한 엽기 사진 따위도 아닙니다. 명실공히 세계 발레계의 탑이라는 데 누구도 이견을 제시하지 않을, 발레리나 강수진 의 발입니다. 그 세련되고 아름다운 미소를 가진, 세계 각국의 내로라하는 발 레리노들이 파트너가 되기를 열망하는 강수진 말입니다."

고은 시인

250켤레의 토슈즈와 강수진의 발

▲▽▲▽▲▽▲▽▲▽▲▽▲▽

슈투트가르트발레단 신입 무용수 시절이었다. 연습을 끝내고 소파에 앉아 발을 탁자 위에 올려놓고 쉬고 있었다. 당시 연인이던 남편 툰츠가 내 맨발을 보더니 깜짝 놀라서 물었다.

"수진! 그게 인간의 발이야?"

별생각이 없었는데 그 말을 듣고 보니, 내가 보기에도 사람의 발, 그것도 20대 여자 발이라고 하기엔 너무 울퉁불퉁했다. 비정상적으로 관절이 튀어나오고, 근육만 도드라지게 발달한 괴상한 발이었다.

발레리나는 토슈즈를 신고 발끝으로 섰다가 뛰기를 하루에도 수천 번 반복한다. 발레리나가 발끝으로 중심을 잘 잡을 수 있도록 천과 펠트를 여러겹으로 압축해 만든 토슈즈는 발레리나가 서고 뛸 때마다 꺾이고 해진다. 더 이상 발을 버텨줄 수 없을 정도로 끝이 닳고 부러지면 새 토슈즈로 바꿔 신는다. 나는 거의 하루에 두세 켤레의 토슈즈를 사용했다. 그렇게 한 시즌에 몇 백 켤레의 토슈즈가 닳을 정도로 고강도의 연습을 매일 하다 보니, 발이 땀에 절어 물집이 생기고 피부가 허물어졌다. 피부가 완전히 벗겨지는 날도 많았고 발톱이 빠지는 일은 예사였다. 밴드를 감아도 고통이 극심했다. 발이 아파 도저히 공연도 못할 정도로 피부가 벗겨졌을 때, 최후의 방법으로 정육점에서 생고기를 사서 토슈즈 끝에 넣고 연습했다.

생고기 토슈즈는 오래전부터 사용된 전통적인 방법이다. 마리카 교장 선생님도 다친 발로 무대에 올라야 했을 때 생고기를 사용했다고 하셨다. 촉촉하면서 부드러운 생고기는 발에 닿는 충격을 흡수할 뿐 아니라, 살이 닳아 까졌을 때 제2의 피부 역할을 해주기 때문이다.

내 발 모양을 엉망으로 만드는 데는 툰츠도 한몫했다. 슈투트가르트 발레단의 선배 무용수였던 툰츠는 나를 더 발전시키기 위해 고강도 연습을 시켰다. 재능 있는 후배의 잠재력을 한껏 끌어내주고 싶은 선배로서의 책임감에 연인에 대한 애정이 더해져 훈련의 강도는 나날이 더 세졌다. 연인으로서 툰츠는 배려심이 많고 자상하다. 하지만 발레에 관한 한 자비심이라고는 눈곱만큼도 찾아볼 수 없고, 작은 실수도 그냥 넘어가는 법이 없이 냉정하고 혹독하다.

연습이 얼마나 고되고 힘든지 가끔은 그 자리에서 주저앉을 정도였다. 연습 때 독하기로 세상에서 둘째가라면 서러울 나조차도 엉엉 울면서 "그만하고 싶다"는 말을 수없이 했다. 하지만 눈에 띄게 성장하는 것을 나도 분명히 느낄 수 있었다. 그러니 아무리 힘들어도 포기할 수 없었다. 혹독한 훈련으로 실력은 일취월장했지만, 그 훈장으로 독특한 발을 갖게 됐다.

"이런 희귀한 발은 사진으로 남겨 둬야 해."

툰츠는 놀리듯 내 발을 바닥에 두고 사진을 여러 컷 찍었다. 나는

'툰츠가 나를 웃기려고 농담을 하는구나' 생각하며 별생각 없이 찍게 두었다. 툰츠는 피카소 작품 같다며 내 발 사진을 액자에 담아 벽에 걸어 두었다. 그때가 1995년이었다.

우리만의 추억으로 남았을 사진이 유명해진 것은 2001년 MBC에서 방영된 프로그램 〈성공시대〉 때문이었다. 각 분야에서 두드러진 성과를 낸 한국인들을 다루는 다큐멘터리였는데, 프로그램 PD가 사전 인터뷰를 위해 집으로 찾아왔다.

한참 이야기를 나누다가 PD가 내 발 사진을 보게 되었다. PD는 사진을 방송에 내보내고 싶다며 사진을 빌려달라고 간곡하게 요청했다. 내 발을 보여달라고 하면 단번에 거절하겠지만, 사진 한 장 정도는 괜찮다고 생각해 승낙했다. 그런데 그 사진 한 장이 사람들의 마음에 큰 울림을 준 것이다. 인터넷이 활발히 사용되던 때가 아닌데도 내 발 사진이 천 리를 갔다.

2004년에 무용평론가 장광열 씨가 써낸 《당신의 발에 입맞추고 싶습니다》를 통해 내 발은 더 유명해졌다. 한국의 어느 대기업에서는 직원들을 대상으로 한 '프로페셔널의 자격과 조건'이라는 강의에서 내 발 사진 한 장을 벽에 붙여 놓고 몇 시간 동안 조별 토론을 했다고 하고, 한 고등학교에서는 담임 선생님이 내 발 사진을 학급 게시판에 붙여 놓고 공부가 힘들 때 한 번씩 가서 쳐다보게 한다는 이야기도 들려왔다. 미국의 어느 한인 교회에서는 내 발 사진을 함께 보며 지금 비록

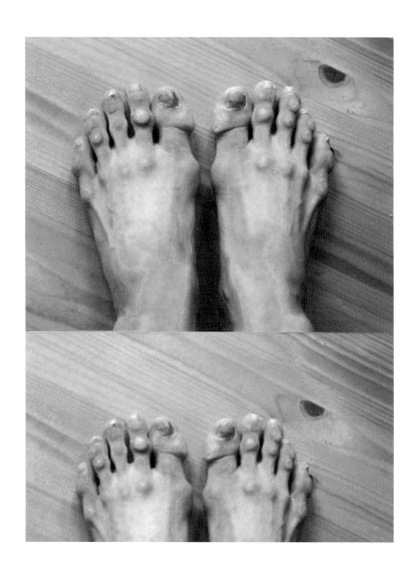

나의 지독한 연습과 툰츠의 열정이 함께 만든 '강수진의 발'.
그때까지만 해도, 강수진 하면 '발'이 떠오를 정도로 큰 파장을 불러일으킬지
우리 둘 다 알지 못했다.

▲▲▲▲▲▲▲

힘들어도 최선을 다해 열심히 살면 꿈을 이룰 수 있다고 서로를 다독인다는 소식도 들었다.

사진 한 장이 가져온 파급력과 영향력에 나도 툰츠도 너무 놀랐다. 자중해야 한다는 생각이 들었다. 그 이후로는 발 사진을 대중에 공개하지 않았다. 그러자 다른 사람의 발 사진이 '강수진의 발'이라며 돌아다니기 시작했다. 그러다 2012년에 KBS 토크쇼 〈승승장구〉에 출연하였다. 녹화 전 작가가 다른 사람의 발 사진과 나의 발 사진을 보여주며, 방송에 발 사진을 내보내도 될지 물었다. 발을 대중에게 드러내는 것이 쑥스럽기도 하고, 뭔가 대단하게 자랑하는 것 같아서 다소 민망하기도 했지만, 내 발 사진이 많은 사람에게 긍정적인 영향을 미친다면, 진짜 내 발을 보여주는 게 맞다는 생각이 들었다. 그 정도는 충분히 양해할 만하다는 생각이 들었다. 그래서 오리지널 강수진 발 사진이 공중파 방송에 다시 등장했다. 관절 마디마디가 울퉁불퉁 불거지고 뼈와 근육만 도드라지게 발달한 진짜 내 발 사진 말이다.

지금도 나는 공적인 자리나 화보 촬영을 할 때 발이 훤히 보이는 샌들은 신지 않고 맨발도 잘 보이지 않는 편이다. 예쁘지 않은 발을 보여주고 싶지 않아서이기도 하고, 발레리나의 실력을 발의 생김새로만 판단할까 봐 조심스럽기도 하다. 지금은 예전보다 토슈즈의 품질이 많이 좋아져서 생고기의 도움을 받을 필요도 없어졌고 사람마다 피부 특성이 다르기 때문에 상처를 덜 입을 수도 있다. 노력하는 사람의 발이란 모두 '입을 맞추고 싶은' 발이 아닐까? 나의 상처 입은 발이 사람들에게 꿈을 심어준다니 그저 고마울 따름이다.

발레리나로서의 아름다운 겉모습과 달리, 고된 훈련으로 발은 언제나 아팠고, 아픔은 내 가장 친한 친구였다. 늘 관절이 시큰거리지만, 한 편의 작품을 무대에 올려 관객의 박수갈채를 받을 때면 고통은 온데간데없이 사라지고 순도 100%의 희열을 느꼈다.

사람들은 내게 쉬운 성공 비결을 듣고 싶어하지만, 그런 것은 없다. 내일을 믿지 않고 최선을 다해 오늘의 땀을 흘리는 것뿐이라고 믿는다.

20만 시간의 연습
▲▽▲▽▲▽▲▽▲▽▲▽

"20만 시간이요."

"네?"

"강수진 씨가 발레 연습한 시간이요. 대충 헤아려도 20만 시간이 훌쩍 넘어갑니다."

가까이 지내는 지인이 내게 해준 말이다. 30여 년 동안 발레 연습한 시간을 계산해보니 20만 시간이 넘는다는 것이다. "그런 걸 뭐하러 계산하셨어요"라며 웃어넘겼지만, 내가 그렇게 발레를 오래 했나 하고 내심 놀랐다. 그 이후로도 시간이 많이 흘렀으니 20만 시간은 족히 넘었을 것이다.

　중학교 2학년 때 발레에 매료된 이래 밤새 스튜디오에서 살다시피 했던 모나코 유학 시절을 거쳐 슈투트가르트발레단에 입단해서도, 그 안에서 한 단계씩 올라서서도, 마침내 최고의 자리에 올라선 이후에도 나는 연습벌레였다.

　이제는 은퇴를 했지만, 현역 시절엔 "이제 그렇게까지 연습하지 않아도 되지 않느냐"라는 말을 많이 들었다. 발레리나는 다른 예술가들보다 생명이 짧다. 몸을 극한으로 사용하는 예술이라, 몸이 조금이라도 노화되면 무대에 설 수 없다. 나이 들수록 기대치는 높아지는데, 몸은 반대로 굳어간다. 이제 뭔가 좀 알 것 같은데 몸이 따라주지 않아 발레를 그만두며 아쉬워하는 무용수들도 많다. 마침내 내게 공이 와서 그 공을 딱 받을 수 있을 것 같았는데 옆으로 스쳐 가는 것 같은 아쉬움을 느낀다고 한다.

　나 역시 발레가 매일매일 더 좋은데, 발레가 무엇인지 조금 더 알게 되었는데, 관객과 더 많이 만나고 싶은데, 서른 초중반에 발레를 그만두기에는 너무 아쉬웠다. 발레를 오래오래 하려면 녹슬어가는 신체에 연습이라는 기름을 발라 젊음을 유지해야 했다. 나이로 인한 주름을 방지하기 위해 아이크림을 바르듯, 나는 연습이라는 기름으로 신체 노화를 역행하려 했다.

　그렇게 20만 시간보다 더 긴 시간을 연습에 매진한 것은 내가 발레를 찬미하기 때문이었다. 내가 사랑하는 발레를 조금 더 오래, 조금 더 잘하고 싶기 때문이었다. 발레리나로서, 한 인간으로서 성장하는 즐거움을 맛볼 수 있기 때문이었다. 성장이 주는 그 중독적인 맛을 한번 보고 나면, 연습을 멈출 수 없게 된다. 어제 할 수 없었던 동작이 오늘 더 잘 되고, 어제 이해할 수 없었던 연기의 한 부분이 오늘 물이 오르면 그 기쁨은 이루 말할 수 없다. 하루하루 더 발전하지 않고는 못 배긴다.

이처럼 몸이 너무 아파서 눈물을 쏟으면서도 연습을 하게 만든 것은 발레를 향한 사랑과 성장의 즐거움이었다. 내게 발레는 끝없는 인생 공부이며, 발레 공연에는 내 인생이 담겨 있다. 점프를 한 번 더 해낸 기쁨, 파트너와 한 동작 한 동작 맞춰나간 시간, 낯선 나라에서 현지인 파트너들과 무대에 올라 이루어낸 하모니, 부상으로 인한 뼈가 깎이는 고통, 남편을 향한 사랑이 발레에 녹아 꽃으로 피어올랐다.

나에게 발레는 거대한 세상이고 사랑이다. 누구든 사랑하는 일을 대하는 태도는 나와 같지 않을까? 내가 그렇게 특별한 사람이라는 생각은 들지 않는다.

3

강수진 스타일

나답게
인생의 무대에
올라라

1

한 걸음만 걸어도 나인 줄 알게 하라

나는 남과 비슷한 것을 참지 못하는 아이였다. 어릴 때는 길 가다가 나와 똑같은 옷 입은 아이를 보면 그 옷은 두 번 다시 입지 않았다. 실수로라도 그 옷을 입을까 봐 걱정이 되어서 버리기도 했다.

발레에서도 마찬가지였다. 나보다 나은 선배나 선생님에게 배우고자 하는 의지는 누구보다 강했지만 그렇다고 그대로 복제해 따라 하기만 하는 건 결코 아니었다. 기량이 뛰어난 발레리나도 좋지만, 다른 무용수로는 대체할 수 없는 유일한 존재, '발레리나 강수진'이 되고 싶었다.

나는 연습법, 무용 테크닉, 무대 기교 등 나만의 것을 만들어가는 데 열중했다.

다른 누구도 아닌, 강수진의 줄리엣

▲▽▲▽▲▽▲▽▲▽▲▽▲▽

같은 책을 읽어도 사람마다 느끼는 감정이 다르기 마련이다. 인간의 일곱 가지 감정 '희노애락애오욕', 기쁨, 노여움, 슬픔, 즐거움, 사랑, 미움, 욕심은 시대와 나라를 뛰어넘는 보편적인 '감정'이지만, 어느 순간에 그 감정을 드러내고 어떻게 표현하느냐는 사람마다 다 다르다.

발레는 대사나 소리 전달 없이 몸짓과 표정 연기만으로 스토리와 극중 인물의 내면을 전달해야 한다. 물론 발레 동작 하나하나가 작품의 스토리를 위해 치밀하게 짜여 있긴 하지만, 기계적인 동작과 어설픈 연기로는 작품의 진가를 전할 수 없다. 그래서 무용수가 자신이 맡은 역할의 감정을 씹어 삼켜 완전히 내 것으로 승화하지 않으면, 그 춤은 관객의 마음에 가닿지 못한다. 관객이 그 무대에 전율하고 감동하게 하려면 발레리나가 그 역할에 푹 빠져서 진심을 전해야 하고, 그러려면 한 스텝 한 스텝에 진정성을 담아야 한다. 바로 그때 무용수의 개성이 진가를 발휘한다.

첫눈에 반해 사랑에 빠졌지만 가문의 반대로 인해 비극적인 결말을 맞이한 연인의 이야기를 담은 셰익스피어의 고전 《로미오와 줄리엣 Romeo and Juliet》. 영화, 연극, 오페라 등에서 수없이 반복되는 세기의 고전이지만, 이 작품은 나에게 더 특별했다. 왜냐하면 나는 '슈투트가르트의 공식 줄리엣'이었기 때문이다. 1993년, 나는 〈로미오와 줄리엣 〉의 줄리엣을 맡으며 첫 주역을 맡았다. 이때 공연이 끝난 뒤 슈투트가르트발레단의 1대 줄리엣이었던 브라질 출신의 세계적인 발레리나이자 1976년부터 예술감독을 맡고 있던 마르시아 하이데Marcia Haydee 감독님은 내게 자신이 줄리엣 공연 때 입던 의상과 존 크랑코에게서 받은 반지를 물려주셨다. 여태껏 수많은 줄리엣이 탄생했지만, 강수진이 발레로 표현하는 줄리엣은 특별하다는, 감독님만의 표현법이었던 셈이다. 그녀는 이후에 "내가 가진 모든 것을 준다는 의미였다"는 의미심장한 말씀을 했다.

나는 발레 작품에서 어떤 역을 맡건 나만의 해석을 입혀야 한다고 생각한다. 〈로미오와 줄리엣〉에서 줄리엣 역할을 맡으면 가장 먼저 셰익스피어의 원작을 읽었다. 줄리엣의 감정에 푹 빠져들어 그녀의 대사를 나의 목소리로 바꿔 말해보기 위해서다.

'우리 가족에게 위협을 가하는 집안의 남자를 사랑하게 된다면 얼마나 고통스러울까?'

'양가 부모님이 서로를 증오하기 때문에, 차마 말도 못하고 비밀 결혼식을 올리게 된다면 내 마음은 슬픈 기쁨에 빠져 번뇌하겠지.'

'내가 사랑하는 사람이 복수심에 불타 내 사촌 오빠를 죽인다면 가슴이 찢어질 거야.'

1993년 처음 줄리엣이 된 이후, 30년간 나는 수많은 로미오를 만나왔다.
무대마다 늘 새로운 줄리엣이 되었다.

▲▲▲▲▲▲▲

'나에게 태어난 이유를 주는 남자, 그 남자가 나 때문에 내 눈앞에 죽어 있다. 신은 왜 나에게 이토록 가혹한 형벌을 내리는가. 나도 이 세상에서 사라지겠다. 죽어버리겠다.'

이처럼 줄리엣을 멀찍이서 바라보며 분석하기보다, 내가 줄리엣이라면 어떤 감정을 느낄지 한 장면 한 장면에 나를 대입해본다. 운명의 장난으로 비극적인 죽음을 선택하는 줄리엣이 되어 나도 가슴을 치며 우는 것이다.

한 사람이라도 감정이 매일 같을 수 없다. 내가 어제 느낀 줄리엣과 오늘 느끼는 줄리엣이 다르다. 연애 경험이 없었을 때의 줄리엣, 뜨거운 연애를 할 때의 줄리엣, 부모님 반대로 결혼식을 미뤄야 했을 때의 줄리엣, 남편에게 뜨거운 사랑을 느낄 때의 줄리엣, 남편이 미워질 때의 줄리엣, 남편이 고마울 때의 줄리엣 등 나이 먹으며 삶의 경험이 쌓일 때마다 내가 느끼는 줄리엣도 달라졌다.

1993년 처음 줄리엣을 맡은 이후 20여 년간 줄리엣을 연기해왔다. 슈투트가르트 무대뿐 아니라, 뉴욕에서도, 중국에서도, 한국에서도 줄리엣을 선보였다. 그동안 나의 로미오가 되어준 발레리노만도 수십 명이다. 어떤 남자를 만나느냐에 따라 사랑하는 방식이 달라지듯, 어떤 로미오를 만나 무대에 오르느냐에 따라 내가 표현하는 줄리엣도 달랐다. 열 번 줄리엣을 연기하면, 열 번 모두 조금씩 다른 개성을 보여주었다. 그런 재미가 있어야 관객이 같은 작품을 보고 또 볼 수 있지 않을까? 평론가들은 내가 해온 발레의 가장 큰 매력 중 하나로 작품을 끊임없이 새롭게 해석해내는 능력을 꼽기도 했다. 작품 해석에 대한 열정으로, 나는 매 공연마다 처음 작품을 했을 때와는 완전히 다른 해석을 내놓으려 노력했다.

나는 발레 무용수로서 강수진이 아닌 다양한 삶을 무대 위에서 살아볼 수 있었다. 무대에 오르는 두어 시간 동안 나는 완전히 다른 존재가된다. 〈마타하리 Mata Hari〉에서 마타하리 역을 맡으면 관능미 넘치는 섹시한 스파이가 되고, 〈말괄량이 길들이기 The Taming of the Shrew〉에서 카타리나역을 맡으면 천방지축 날뛰는 말괄량이가 되었다. 그렇게 수십 개의캐릭터를 만나며 양파 껍질처럼 까도 까도 새로운 나를 발견하는 즐거움을 누렸다.

인생의 이야기가 개성이 된다

똑같은 것은 예술이 될 수 없다. 남과 다른 나만의 스타일을 인정받을때 그것은 예술이 된다. 추상화가인 피카소의 작품은 누구나 '아, 피카소의 작품이구나!' 하고 알아볼 수 있다. 선과 색의 표현법뿐 아니라 차원을 벗어난 그의 작품을 보면 원칙도 없이 손 가는 대로 그린 것 아닌가 하는 의심이 든다. 그런데 혹시 피카소의 젊었을 때 습작을 본 적

있는가? 철저하게 원근법을 지켜 세밀하게 그려낸 그의 데생을 보면, 그가 미술의 기본을 철저하게 다져온 사람임을 알 수 있다.

다양한 매체로 자기를 표현할 수 있는 미술과 달리 발레는 몸 하나만으로 이야기를 전해야 하기에 기본 실력이 없이 변수를 기대하기 더 힘든 장르라고 할 수 있다. 기본 실력이 탄탄하지 않으면 다양한 작품에서 개성을 발휘하는 일도 불가능하다. 한 걸음씩 내 한계를 높이며 성장을 거듭하고 싶다면 누구나 하는 평범한 방법으로는 힘들다.

발레단에 속한 무용수는 누구나 매일 클래스에 참여해야 한다. 클래스란 본격적인 리허설 이전에 몸을 풀기 위한 기본적인 트레이닝을 말한다. 여성 무용수와 남성 무용수에게 요구되는 신체적인 조건이 다르기 때문에 보통은 남자와 여자가 따로 클래스를 한다. 그런데 나는 솔리스트로 승격된 이후 더 나은 컨디션을 위해 22년여 동안 남자들과 트레이닝을 함께했다. 그렇게 내 몸의 컨디션을 극대화하지 않으면 내 역량의 한계를 뛰어넘는 일은 불가능하다고 생각했기 때문이다.

와인을 잔에 따라 놓으면 그저 자줏빛 액체일 뿐이지만 향을 맡고 한 모금 마셔보면 품질 좋은 와인은 자신이 명품 와인임을 분명하게 말해준다. 그 와인을 만들기 위해 노력한 수많은 사람의 피와 땀, 나는 그것이 바로 개성이리고 생각한다. 그것은 아무도 대체할 수 없는 나만의 것이다.

가끔 발레 팬들이 내게 하는 말이 있다. 멀리서 손동작만 봐도 "아,

강수진 씨군요!" 하고 알아본다는 것이다. 나는 발레를 할 때 모든 동작에 나만의 이야기와 감정을 담는다. 스토리 없는 모던 발레를 출 때도 나만의 줄거리를 입힌다. 그리고 내가 생각한 무대를 구현하기 위해 1분도 아까워하며 훈련에 매진한다. 그랬기 때문에 같은 동작을 해도 남과는 확연하게 다른 개성이 전해질 수 있었으리라. 한 스텝을 밟을 때도 그 걸음을 의미 있게 만드는 최선의 노력을 계속해나갈 때 나만의 개성이 만들어진다. 예술뿐 아니라 모든 프로페셔널의 세계가 그럴 것이다.

안무가들이 탐내는 발레리나

▲▽▲▽▲▽▲▽▲▽▲▽

〈지젤 Giselle〉이라는 작품을 한다고 가정해보자. 하나의 원작에도 안무가마다 해석이 다르고 발레 스텝이 다 다르다. 발레단, 음악, 시대, 무용수에 따라 하나의 작품도 다르게 표현된다. 한 작품에 수백 개의 버전이 존재할 수 있다. 같은 작품에도 비극과 서정성을 강조하는 안무가가 있는가 하면, 역동성을 강조하는 안무가도 있다. 안무가들은 각자의 작품을 해석하여 발레라는 춤에 담아내고 무용수를 그에 따라 움직이게 만든다.

그런가 하면 안무가들에게는 저마다 자신의 생각을 그대로 혹은 더

리드 앤더슨 감독(왼쪽)과 〈지젤〉 리허설.
연습하는 내내 감독과 함께 손동작 하나, 스텝 하나마다 수시로 소통하며
강수진만의 지젤을 만들어나간다.

▲▲▲▲▲▲▲

귀족 청년 알브레히트와 시골 아가씨 지젤의 사랑 이야기를 다룬 〈지젤〉.
알브레히트의 사랑을 확인하기 위해 꽃잎의 개수를 세어 사랑의 점을 쳐보는 장면에 대해
이야기를 나누고 있다. 지젤의 꽃잎점 장면은 연인의 고결한 사랑을 보여주는 동시에
비극적인 결말을 암시하는 중요한 장면이다.

▲▲▲▲▲▲▲

나은 춤으로 구현해주는 특별한 무용수들이 있다. 무용수들은 안무가의 뮤즈가 되어 적극적으로 소통하며 안무가가 생각하는 바 그 이상을 춤으로 표현해낸다. 안무가들이 한 무용수의 개성을 모티브로 삼아 안무를 만들 때도 있다. 전설적인 안무가 존 크랑코는 그의 뮤즈 마르시아 하이데와 30년간 함께 작업하면서 수많은 걸작을 탄생시켰다. 내가 슈투트가르트발레단에서 춤춘 많은 발레 작품들이 바로 그들의 환상적인 파트너십에 의해 탄생된 안무였다.

나 역시 많은 안무가의 뮤즈로 불렸다. 그리고 운 좋게도, 동시대 활동한 거의 모든 위대한 안무가들과 작업하는 행운을 누리기도 했다. "수진, 너를 위한 작품을 만들려고 해"라고 제안한 안무가도 있었다. 안무가들이 창작할 때 그들의 파트너 무용수로 작업하면, 내가 표현하는 동작이 한 작품의 오리지널이 되는 특권을 누릴 수 있다.

움직임에 서정성과 에너지를 담는 데 탁월한 안무가 지리 킬리안Jiri Kylian과 작업했을 때, 그가 내게 이렇게 물었다.

"수진, 네가 가진 특별함은 뭐지?"

나는 그 자리에서 바로 한국무용의 기본 동작을 보여줬다. 발레와는 다른 방식의 움직임을 골똘히 지켜보던 킬리안은 그 동작을 모티브로 삼아 인간의 진화와 문화유산에 대해 이야기하는 모던 발레 작품 〈스테핑 스톤Stepping Stones〉을 창작했다.

때로는 이미 완성된 작품이라도 그 안무가가 살아 있을 때 함께 작업하면 내 스텝이 새로운 오리지널이 되기도 한다. 시대마다 표현하는 스타일이 다르고 무용수들의 테크닉이 날로 정교해지기 때문에 안무의 본질은 바뀌지 않는 선에서 표현의 기교가 바뀌기도 한다. 표현주의 색채가 강한 안무가 존 노이마이어^{John Neumeier}는 〈카멜리아 레이디^{The Lady of the Camellias}〉에 내 표현이 더 적합하다고 생각해, 내 스텝의 일부를 오리지널로 만들었다. 〈카멜리아 레이디〉는 프랑스 작가 알렉상드르 뒤마^{Alexandre Dumas}의 소설 《춘희》를 원작으로 한 이 작품은 파리 사교계 여왕인 쿠르티잔, 마르그리트 고티에와 순수한 귀족 청년 아르망 뒤발의 애절한 사랑을 이야기한다. 첫눈에 사랑에 빠진 이들은 신분의 벽을 뛰어넘지 못하고 헤어지게 되고, 마르그리트는 아르망을 그리워하다 폐병에 걸려 가난과 외로움 속에서 죽음을 맞는다는 내용이다. 1978년 존 노이마이어에 의해 발레작품으로 새롭게 태어나 슈투트가르트에서 초연했고 이미 몇 명의 프리마 발레리나를 거친 작품이었다.

유독 화려한 고난도 동작으로 가득한 이 작품에서 발레리나가 관객에게 오롯이 마르그리트의 처절한 감정을 전하는 일은 쉽지 않다. 그렇기 때문에 원작에 대한 해석과 함께 작품에 대한 이해를 안무가, 예술감독과 충분히 나눠야 한다. 이 작품은 내게 무용계의 아카데미상으로 불리우는 브누아 드 라 당스^{Benois de la Danse} 최우수 여성 무용수상을 선사해주었다. 안무가와 무용수 간의 깊은 공감과 이해가 없었다면 그런 결과가 나오기는 어려웠을 것이다.

클래식은 만들어가는 것이다

△▽|△▽|△▽|△▽|△▽|△▽

불변의 아름다움을 지녀 영원히 남는 작품을 클래식이라고 한다. 하지만 옛것을 그대로 지키는 것만 고집하면 동시대 사람들은 지루해하기 마련이다. 클래식에 이 시대의 개성을 담아 새롭게 탄생시켜야 오래도록 이어질 수 있다.

1756년에 쓰인 소설 《미녀와 야수 Beauty and the Beast》는 1992년에 애니메이션으로, 1994년에 뮤지컬로, 2012년에 3D 애니메이션으로 재탄생했다. 마을 사람들과 야수에 휘둘리던 가녀린 여주인공 벨은 2017년에 선보인 영화에서 원작보다 진취적인 여성으로 탈바꿈했다. 이처럼 같은 작품이 시대에 따라 다르게 읽히고 받아들여지듯, 클래식은 끊임없이 변화하고 재생산된다.

발레야말로 고전의 본질을 지키면서 시대의 색깔을 입혀가는 대표적인 예술 장르다. 예를 들어 한국 국립발레단에서 선보이고 있는 〈호두까기 인형 The Nutcracker〉은 볼쇼이 발레단의 전설적 안무가 유리 그리고로비치 Yuris Grigorovich가 1966년에 창작한 발레 안무를 바탕으로 한다. 하지만 2016년 한국 국립발레단은 거기에 색다른 맛을 더했다. 나무로 만든 호두까기 인형이 돌아다니는 대신에 분장한 어린 무용수가 출연해 춤추고, 과거의 무용수들보다 신체 조건과 기량이 월등한 현대의 무용수들이 더 화려하게 점프하고 고난도 회전을 선보였다. 똑같은 안무가의 작품이지만 1966년 관객이 본 〈호두까기 인형〉과 2016년 관객이 본 〈호두까기 인형〉은 다른 작품인 것이다.

발레리나 시절 만났던 수많은 거장 안무가, 예술감독과 기라성 같은 무용수 선배들이 전수해준 무언가가 내 안에 차곡차곡 쌓여 있다. 바로 클래식의 정신이다. 인간의 오랜 역사를 거쳐 전해진 클래식에는 전쟁, 독재, 가난 등 우리를 괴롭혀온 수많은 역경에도 스스로 인간애를 지켜나가게 하는 담대한 힘이 있다. 메마른 마음에 사랑과 희망, 풍요를 준 클래식은 우리의 소중한 유산이다.

반면 지금 이 순간 우리가 만들어가는 수많은 이야기 중 어떤 것은 먼 미래에 반드시 클래식이라는 이름으로 남을 것이다. 이전 시대의 거장들이 수많은 실험과 모험을 거쳐 탄생시킨 걸작들이 훗날 클래식이라는 이름으로 무대에 오르듯, 현대에 만들어진 수많은 작품도 먼 미래에는 클래식이 될 수 있다고 믿는다. 그렇기에 21세기의 예술가들은 다양한 작품 창작 활동을 멈추지 말아야 한다고 생각한다. 지금 인정받지 못하거나 환영받지 못한다 해도 새로이 시작하는 일을 그쳐서는 안 된다. 발레리나 시절에도, 국립발레단의 예술감독이 된 지금도 끊임없이 새로운 작품에 도전하고 창작을 지원하는 이유가 여기에 있다. 언젠가는 강수진 스타일도 클래식이 되기를 바라면서 말이다.

2

자신의 모든 점을 인정하라

1998년, 〈오네긴〉 공연에서 타티아나 역으로 바쁘게 활동할 때였다. 인터내셔널 난초협회에서 연락이 왔다. 내 발레 공연을 보았는데, 강하고 청초하지만 키우기 힘든 난초와 내가 많이 닮았다고 했다. 나를 위한 난초를 만들고 싶다며, 원하는 꽃 모양을 말해주면 그 모양대로 난초를 개량하겠다는 것이다. 와, 내 이름을 딴 꽃이 생긴다니! 그만한 영광이 어디 있겠나 싶어 흔쾌히 승낙했다.

나는 어떤 사람이다, 하고 한마디 말로 정의하는 건 참 어렵다. 그런데 살아 있는 식물로 나를 표현한다니 그건 도대체 어떤 모습일지 몇 날 며칠을 고민했다. 고민 끝에 난초협회에 노란색 꽃잎 위에 빨간색 점을 흩뿌려달라고 했다. 수줍지만 밝은 노란색에 열정을 닮은 빨간색을 담고 싶었다. 6개월 후 개량 작업을 거쳐 상상으로 그렸던 난초가 피어났다. 팔래놉시스 강수진 Phalaenopsis Sue Jin Kang. 내성적이고 수줍어하지만 단단한 에너지가 느껴지는, 내가 상상한 모습, 그리고 내가 닮고 싶은 모습 그대로였다.

수줍음과 열정을 담은 난초처럼

▲▽▲▽▲▽▲▽▲▽▲▽

발레를 전공하는 학생들을 만나면 꼭 듣는 이야기가 있다.

"세계적인 무대, 외국인들로 꽉 찬 객석, 수많은 취재진. 저 같으면 다리가 후들거려서 춤은커녕 한 발자국도 못 움직일 것 같아요. 선생님은 어릴 때부터 그렇게 배포가 크셨나요?"

"저도 강수진 선생님처럼 당당한 여자가 되고 싶어요."

그때마다 이렇게 말한다. "무슨 말씀이세요. 제가 얼마나 부끄러움을 많이 타는 성격이었는데요. 어릴 때는 수업 중에 만난 파트너를 길에서 마주칠까 봐 땅만 보고 걸어 다녔어요."

정말로 그랬다. 특히 모나코 왕립 발레학교에 유학 중일 때는 더 심했다. 집에 남자라고는 아빠와 어린 남동생 대준뿐이었다. 중학교는 남녀공학이었지만 워낙 여학생 비율이 높다 보니 남학생과 어울릴 기회가 거의 없었다. 그런 내가 유학을 가자마자 타이트한 타이츠를 입은 외국인 발레리노 남학생들과 한 교실에서 공부하게 됐다. 세상에, 그 민망한 옷을 입은 남자아이들과 몸을 부대끼며 연습하라니, 연습 첫날에는 까무러칠 뻔했다. 남녀 간 스킨십이 자유로운 분위기에서 자란 외국 학생들은 아랑곳 않고 연습에만 열중했다. 그러나 나는 쿵쾅거리는 심장 소리가 파트너에게 들릴까 봐 조심하느라 연습에 집중할 수 없었다.

그런 내 성격을 바꿔주려고 발레학교 친구들이 나서서 남자 친구를 사귀도록 주선하기도 했다. 학교에 괜찮은 남학생이 새로 들어오면, 친구들은 득달같이 나에게 와서 데이트를 해보라고 권했다. 상대 남학생에게도 내 칭찬을 늘어놓으며 호들갑을 떨었다. 그러면 뭐하나. 당사자인 나는 수줍음에 얼굴이 빨개져서 한마디도 못했다.

수줍음은 발레리나로 성장하기 위해 꼭 뛰어넘어야 할 약점이었다. 클래식 발레의 기본은 남녀 무용수가 함께 춤추는 '그랑 파드되_{grand pas de deux}'이다. 그랑 파드되는 느린 음악에 맞춰 남녀 무용수가 2인무를 추는 '아다지오_{adagio}', 빠르고 경쾌한 리듬에 맞춰 2인무를 추는 '코다_{coda}', 남녀 무용수가 번갈아가며 솔로를 선보이는 '바리아시옹'으로 구성된다. 평생 독무만 하는 무용수라면 상관없겠지만, 발레 세계에서 다양한 작품으로 인정받기 위해서는 남녀 무용수의 파트너십이 필수이다. 주로 연인으로 등장하는 파드되에 스킨십은 피할 수 없는 것이니 자연스러운 연기를 위해서도 남자 무용수와의 스킨십에 익숙해져야 했다.

큰 우려와 달리 수줍음은 자연스레 조금씩 엳어졌다. 일단 연습에 몰두하다 보면 부끄러움을 느낄 새가 없었다. 또 시간이 흐를수록 무대 경험과 연륜이 쌓이면서 어느새 남자 무용수를 리드하게 됐다. 내 안에는 여전히 수줍음 많은 강수진이 있지만, 파트너에게 춤을 리드하는 선배 무용수의 카리스마가 느껴진다는 말도 듣게 됐다.

강수진 스타일은 강수진이 만드는 것

'과거의 나를 지워라.'
'어제의 당신과 결별할 때 성공이 시작된다.'
세상의 많은 멘토들은 이런 성공 조언들을 하곤 한다. 하지만 나는 그렇게 생각하지 않는다. 나의 어제를 뛰어넘는 것과 나의 어제를 부정하는 것은 완전히 다른 의미이기 때문이다. 내가 어제 무대의 실수를 두고 '아, 잊어버리고 싶다!', '그건 진정한 내 모습이 아니야!'라고 스스로를 부정하고 변명하기 시작했다면, 다시 힘을 내어 내일의 무대를 준비할 수 없었을 것이다.

나를 바꾸는 것은 그렇게 쉬운 일이 아니다. 또 내 모습을 완전히 버리고 새롭고 대단한 무언가를 찾는다면, 그건 나를 부정하는 것이다. 타고난 바탕을 잃어버린 사람은 새로운 삶에서도 중심을 잡지 못한다. 단점 하나 없앤다고 오늘과 다른 신세계가 펼쳐지지 않는다. 무작정 나의 모든 것을 버리기보다, 장점을 강화하거나 약점을 강점으로 승화하면 된다.

한국무용으로 춤을 시작해 남들보다 6년이나 늦게 발레를 시작한 것은 단순히 보면 내 큰 약점이다. 하지만 나는 내 약점을 부정하지 않았다. 한국무용으로 배운 섬세한 몸의 선, 고요하면서도 애상이 느껴지는 독특한 감정과 고유의 분위기는 서양 무용인 발레에도 적용할 수 있었다. 사람들은 어린 나이에 유학길에 올라 한국 정서를 잊어버렸을 거라 생각하지만, 한국인 특유의 내성적이면서도 강인한 성격은 내 발레 세계에 큰 부분을 차지하고 있다.

나의 솔직하고 밝은 성격 이면에는 소극적인 면모도 있다. 자기 어필이 중요한 시대에 소극적인 성격이 약점이 될 것 같지만, 그 이면에는 타인을 배려하고 염치와 체면을 존중하는 마음이 있다. 부끄러움을 많이 타는 사람은 혼자 오래 생각하기 때문에 결정할 때 실수할 가능성이 적고 실행 속도가 빠르다. 그래서 그 소극적인 성격이 약점이라고 생각한 적이 없다. 그 이면의 강점 요소를 찾아내 강화하고 특화하면 되기 때문이다. 세상에 약점 없는 사람은 없는 것처럼, 강점 없는 사람도 없다.

《월든》을 쓴 작가 데이비드 소로는 '모든 사람은 존재 자체로 의미가 있다'고 했다. 나는 이 말을 매우 좋아한다. 모든 사람이 존재하는 그 자체로 의미가 있는 것처럼, 나라는 사람의 존재의 의미를 무겁게 받아들일 필요가 있다. 나 자신을 있는 그대로 인정하는 사람만이 정직한 자세로 자기 자신을 들여다볼 수 있고, 또 스스로를 가꾸고 성장시키기 위해 노력할 수 있다. 나만의 스타일은 그렇게 나를 인정하고 사랑하고 돌볼 때 탄생한다.

∨∧∨∧∨∧∨∧∨∧∨∧∨∧∨∧∨∧∨∧

나 자신을 있는 그대로 인정하자.
나 자신을 잘 알기 위해 시간을 투자하자.
나에게 좀 더 정직해지자.
남들 눈에 보이는 나보다, 내 눈에 보이는 나를 더 신경 쓰자.
스스로에게 당당할 수 있도록 나를 갈고 닦자.
부족한 부분이 보이면 그것을 보완할 나만의 방법을 찾자.
나만의 스타일은 내 안에서 탄생한다.

∨∧∨∧∨∧∨∧∨∧∨∧∨∧∨∧∨∧∨∧

3

시대를 초월해 나와 경쟁하다

발레의 세계도 치열하여 주역 무용수 자리를 둘러싸고 단원들 사이에 질투와 경쟁이 있을 수밖에 없다. 나의 발레 선생님 중 한 명이 그 피해자였다. 선생님의 뛰어난 실력을 시기한 동료 단원이 깨진 유리 조각을 공연 전 선생님의 토슈즈 안에 몰래 넣었다고 한다. 공연 직전에 토슈즈 끈을 질끈 동여맨 선생님은 그제야 신발 안에 무언가가 있다는 것을 알게 됐다. 그러나 이미 막이 오르고 있었다. 그녀는 유리 조각이 살을 파고드는 고통을 참아가며 겨우 공연을 마쳤다고 한다. 그 사건에 너무나 큰 상처를 받은 선생님은 현역 발레리나의 삶을 그만두고 가르치는 일을 택했다. 발레 세계가 얼마나 냉혹한지 보여주는 사례다. 하지만 이런 사건은 흔치 않은 것도 사실이다.

질투는 나의 힘이 될 수 없다

▲▽▲▽▲▽▲▽▲▽▲▽

화려한 발레 무대가 만들어지기까지 발레리나가 겪는 고뇌를 보여주는 영화 〈블랙 스완 Black Swan〉(2010)에는 발레리나 사이의 경쟁과 발레리나의 내적 갈등이 극적으로 표현되어 있다. 하지만 내가 보기에는 과장이 심하다. 〈블랙 스완〉은 발레 영화라기보다는 완벽함을 추구하는 예술가의 고뇌와 갈등, 자신이 맡은 캐릭터에 몰입하기 위한 예술가의 집념을 그린 영화로 보는 것이 맞을 것 같다.

내가 몸담았던 슈투트가르트발레단은 철저하게 실력 위주로 평가하기 때문에 평가에 대한 압박이 대단하다. 눈에 안 보이는 경쟁도 치열하다. 하지만 그러면서도 대대로 내려오는 분위기는 굉장히 순수하고 온화하다. 전 세계에서 온 다양한 배경, 문화, 전통을 가진 단원들이 서로 이해하고 배려하는 분위기가 밑바탕에 깔려 있다. 경쟁의 바탕에는 단단한 협력을 중시하는 문화가 있다. 그 때문에 낭비되는 에너지가 없다. 각자 더 잘하기 위해 노력하기보다, 같이 더 잘하기 위해 노력하는 것이 기본이다.

그렇다 해도 남들보다 더 주목 받고 싶은 것이 어쩔 수 없는 사람 마음일 것이다. 그래서 마음속 깊이 질시하는 마음이 있을 수도 있고, 감정이 지나쳐 무용수 간에 반목하는 경우도 있지만, 서로를 깊이 상처 낼 정도는 아니다.

나는 지금껏 남을 해치려는 마음은 단 한 번도 품지 않고 살았다. 남에게 해를 끼치는 행동이 쌓이고 쌓이면, 그 상처는 고스란히 나에게 돌아온다고 믿기 때문이다. 사람을 해치는 것은 비단 물리적 폭력만이 아니다. 악의에 찬 말 한마디, 공간을 가득 채우는 경계심만으로도 사람은 상처를 입는다. 지금껏 남의 성공에 배 아파하는 사람치고 높이 올라가는 사람을 본 적이 없다. 일약 스타가 되었다가 금세 동력을 잃고 추락한 무용수를 많이 보았다. 물론 그들의 무대는 놀라울 정도로 아름답고 뛰어나다. 하지만 팀워크가 중요한 발레 무대에서 아무와도 소통하지 않고 이기적으로 굴면 누구도 그를 도우려고 하지 않는다.

그러니 경쟁은 시간 낭비처럼 느껴진다. 다른 사람을 헐뜯고 경쟁하고 비교하는 데 쓰이는 에너지가 아깝다. 그건 나의 목표가 아니라 타인의 목표에 따라 사는 인생과 다름없다.

내가 유명세를 타기 시작하면서 많은 사람이 내게서 멋진 말, 통쾌한 경험담을 듣고 싶어했지만, 내게는 어떤 극적인 계기로 무언가를 이룬 경험담, 강력한 경쟁자와 피 말리는 경쟁을 한 경험담이 없다. 내 일상은 지극히 단조로운 날의 반복이었다. 자고 일어나서 밥 먹고 연습, 자고 일어나서 밥 먹고 연습…….

나는 경쟁하지 않았다. 단지 하루하루를 불태웠을 뿐이다. 그것도 조금 불을 붙이다 마는 것이 아니라 재 한 점 남지 않도록 태우고 또 태웠다. 그리고 다음 날 아침이 찾아오면 간직하고 있던 단 한 점의 불씨를 또다시 큰불로 키워냈다. 그런 지루하고도 치열한 하루하루의 반복이 지금의 나를 만들었다.

유일한 경쟁자는 어제의 나

"경쟁자 없이는 발전도 없다는 말에 동의하시나요?"라고 묻는다면 나는 "꼭 그렇진 않다"라고 답할 것이다. 경쟁에 빠지면 자아실현이라는 본질적인 목표에 도달하지 못한 채 몸과 마음이 먼저 지쳐 쓰러지고 마는 경우가 많다. 다른 사람과 비교하고 경쟁하고 욕심내다 보면 나도 모르게 그 사람을 의식하게 되고, 내 스타일마저 잃는다. 그럴 바에는 차라리 경쟁자를 인정하고, 이해하고, 응원하여 내 편으로 만들어버리는 것이 낫다. 만약에 내가 '30살이 될 때까지 〈백조의 호수〉에서 주인공을 못 맡으면 끝장이야!'라는 목표를 정했다면 일찌감치 지쳐 발레를 그만두었을 것이다. 긴 무명 시절을 버티고 뒤늦게 발레단의 간판 스타가 되어 장수한 비결 중 하나는 남과 경쟁하지 않은 것이었다.

1999년, 브누아 드 라 당스 시상식 이후의 일이다. 러시아 모스크바 볼쇼이 극장에서 매해 열리는 이 시상식은 후보로 노미네이트된 무용수들의 화려한 갈라 공연과 본격적인 시상으로 이뤄진다. 이날 나는 〈카멜리아 레이디〉의 갈라 공연을 선보이고 최고 여성 무용수상을 수상했다. 볼쇼이 극장을 쩌렁쩌렁하게 울리던 환호의 여운이 채 가시기도 전에, 우리 일행은 짧은 일정을 마치고 짐을 챙겨 독일로 돌아가야만 했다. 택시를 타고 공항으로 돌아가던 중에 무언가 허전한 느낌이 들어 주변을 돌아봤다.

"어머! 트로피를 호텔에 놓고 왔어!"

그 영광스러운 상을 받고도 트로피를 놓고 오다니, 동료들이 이마를 치며 웃었다. 공항에 도착해 호텔로 전화를 걸어보니 다행히 트로피가 아직 남아 있다고 했다. 양해를 구하고 호텔 측에 부탁해서 겨우 택시로 트로피를 건네받았다. 그런데 솔직히 말하면 트로피를 돌려받지 못했다고 해서 크게 상심하진 않았을 것 같다. 상을 받기 위해, 누군가를 제치고 1위를 하기 위해 발레를 한 것이 아니었기 때문이다. 나는 아마 "에이, 어쩔 수 없지 뭐" 하고 다시 연습실로 향했을 것 같다.

누군가와 경쟁하고 비교한나고 해서 낭장 내가 꿈꾼 무엇이 될 수 있는 게 아니다. 그리고 그렇게 누군가를 이기거나 상을 타서 이루는 성공의 기준이란 너무도 상대적이어서 만족감을 줄 수도 없다. 하지만 누구나 노력은 할 수 있다. 지금 나와 경쟁하는 사람보다 더, 그리고 어제의 나보다 더 노력하는 건 할 수 있다. 세상에 노력처럼 평등한 일은 없다.

나의 경쟁자는 언제나 어제의 강수진이었다. 연습실에 들어서며 나는 어제 강수진이 연습한 것보다 강도 높은 연습을 1분이라도 더 하기로 마음먹는다. 무대에 오르며 어제 강수진이 보여준 공연보다 더 감동적인 공연을 보여줄 것을 다짐한다. 어제의 강수진보다 더 가슴 벅차고 열정적인 하루를 살기 위해 노력할 뿐이다.

사람마다 성장 곡선, 전성기가 다 다르기 마련이다. 때문에 남과 경쟁할 것이 아니라, 내 때에 맞게 내 삶에 집중해야 한다. 나는 50대까지 마라톤 하듯 쉬지 않고 연습과 공연에 몰두했다. 극한의 연습을 마다하지 않았기에 주변 사람들이 혀를 찰 정도였다. 하지만 발레리나를 은퇴하고 나서는 내 몸에 맞게 잘 쉬는 법도 배우고 있다. 발레리나 시절, 숱한 훈련 끝에 내 몸에 대해 잘 알게 되었다고 생각했는데, 나이가 들면서 만나는 내 몸은 또 다른 모습을 보여준다. 내 몸인데도 시간의 흐름마다 새롭다. 끊임없는 배움의 연속이다. 젊었을 때는 실컷 젊음의 에너지를 만끽하고 살았으니, 중년에 접어든 지금은 나이에 맞게 잠도 더 많이 자고 몸에 좋은 것도 많이 챙겨 먹고 있다.

쉰을 바라보는 나이에 국립발레단 경영을 처음 맡게 됐을 때, 두려움이 앞섰다. 경영을 해본 경험이 없었기 때문에 잘해낼 수 있을지 막막

예술의 전당 오페라 하우스로의 출근길.

▲▲▲▲▲▲▲

3장 강수진 스타일 ▲▲▲▲▲ 나답게 인생의 무대에 올라라

했다. 하지만 애초에 나는 한꺼번에 모든 것을 잘해낼 수 있으리라 기대한 적이 없다. 그 누구도 아닌, 바로 솔직한 내 모습 그대로 눈앞의 기회와 과제에 맞설 뿐이었다. 오늘의 나는 어제의 나보다 더 나은 발레단 경영자이자 예술감독이 되기 위해 머리를 싸매고 고민하고 있다. 어제는 잘 이해되지 않던 것이 오늘 송두리째 이해될 때 혼자 펄쩍펄쩍 뛸 정도로 재미있고 행복하다. 참 단순하지만 이것이 내가 일상 속에서 행복과 자존감을 지키며 살아가는 방법이다.

발레리나의 몸, 강수진의 자기 관리법

▲▽▲▽▲▽▲▽▲▽▲▽▲▽

요즘은 다이어트도 할 겸 취미로 발레를 배우는 일반인이 많다. 나 역시 자세 교정과 몸매 관리에 발레만 한 운동이 없다고 생각한다.

모나코의 여자아이들은 대부분 어린 시절부터 발레를 배우기 시작해 보통 12년 정도를 배운다고 알려져 있다. 갓 기어 다니기 시작하는 아이에게 발레를 가르치는 것이나 다름없는데, 전공으로 삼기 위해 그러는 것은 아니다. 손뼉을 치며 뛰어놀면서 박자 감각을 익히고 음악을 즐기면서 발레에 흥미를 잃지 않는 선에서 기본 동작을 배우게 한다.

발레는 고전과 음악, 몸동작과 연기를 함께하는 종합예술이기 때문에 음악으로 정신적인 안정감과 평온함을 가져다주면서 동시에 다른

VΛVΛVΛVΛVΛVΛVΛVΛVΛVΛ

우리 인생에서 중요한 것은 타인이 아니다.
경쟁자 역시 타인이 아니라 나 자신이어야 한다.
매일매일 자신을 극복하기 위해 노력하는 사람은
나와 경쟁하느라 바빠 남과 비교할 시간이 없다.
다른 사람을 시기할 시간도,
다른 사람과 비교해 자괴감에 빠지거나 자책할 시간도 없다.

VΛVΛVΛVΛVΛVΛVΛVΛVΛVΛ

모든 운동의 기본이 되는 유연성을 키울 수가 있다. 몸에 부담이 되는 과격한 운동이 아니고 전신 스트레칭 운동으로 근육의 유연성을 키워주는 것이다. 게다가 허리, 배, 엉덩이에 들어가는 힘을 조절하는 게 필수인 발레는 몸매를 아주 예쁘게 만들어준다. 어릴 때 잠시 취미로라도 발레를 배워본 아이들의 몸매는 커서도 남다르다. 서 있는 모습이나 걸음걸이만 보아도 발레를 포함한 무용을 한 사람들은 다르다.

발레는 아이들의 집중력 발달에도 무척 효과적이다. 대부분의 발레 수업은 선생님이 앞에서 한 번 시범을 보여주면 학생들이 그대로 따라서 추는 방식으로 진행된다. 짧은 시간 안에 한 번 본 동작을 그대로 익혀서 따라 해야 하니 집중력이 길러질 수밖에 없다. 그래서 나는 종종 사람들이 "발레 어때요? 힘든가요?"라고 물어보면, "하루라도 빨리 시작하세요. 왜 이 좋은 걸 이제야 알았지, 할 거예요"라고 말한다.

하지만 프로 발레리나의 세계에 대해 묻는다면, 절대 그렇게 답할 수 없다. 더 활기차게 건강하게 살아가기 위해 몸 관리를 하는 것이 아니라, 몸 관리 자체가 직업이 되어버리기 때문이다. 몸매는 프로 무용수의 필수 조건 같은 것이다. 그러니 발레리나의 일생은 음식과의 전쟁, 체중과의 전쟁이 불가피하다. 발레리나들은 어려서부터 어떤 음식을 얼마나 먹어야 할지 잘 알고 있고, 다이어트를 위해 엄청난 노력을 한다.

지금도 간혹 식당에서 식사하거나 길을 걸을 때면, 뒤에서 수군거리는 소리가 들린다.

"어머! 강수진 씨는 어쩌면 저렇게 말랐을까?"

"분명 하루 한 끼 먹을 거야."

"끼니마다 토마토 하나만 먹지 않을까?"

"아예 아무것도 안 먹을지도 몰라."

사실 나 역시 수없이 다이어트를 했다. 25살에는 살이 쪄서 무대에 오를 수 없는 지경까지 갔다. 죽을힘을 다해 살을 빼고 연습하다 보니 먹는 것보다 많이 뛰면 다이어트가 필요 없다는 사실을 깨달았다. 오히려 쓰러지지 않으려면 무엇이라도 먹어야 하는데, 너무 바빠서 먹을 시간이 없는 것이 문제였다. 하루 세 끼를 꼬박 식탁에 앉아서 정찬을 즐긴 것은 아니지만, 길을 걸으면서도, 연습 도중에라도 틈틈이 음식을 챙겨 먹었다. 동작 한 번 하고 돌아와 쉴 때마다 샌드위치를 한 입씩 먹기도 했다.

나는 발레리나치고는 마음껏 먹었던 편이다. 꼭 재야 할 필요가 없으면 몸무게도 잘 재지 않았다. 연습할 때 몸이 조금 가벼워졌다 싶으면 '아 조금 빠졌구나' 하고, 몸이 살짝 무겁다고 느껴지면 '조금 쪘네, 더 뛰어야겠다' 하고 말았다. 먹고 싶은 것이 있으면 칼로리를 따지지 않고 즐겁게 먹었지만, 먹은 것보다 훨씬 더 많이 몸을 움직였다. 나는 어떤 음식을 먹더라도 충분히, 즐겁게, 맛있게 먹는다. 나는 이렇게 먹는다.

첫째, 충분히 먹는다. 사람이 '먹고 싶다'고 느끼는 것은 영양분이 필요하다는 신호이다. 굶는다고 능사가 아니다. 몸이 신호를 보내면 그에 응답해 충분한 음식물을 섭취해야 한다. 그리고 그 에너지로 다시 열심히 움직이면 된다. 여기서 '충분히'는 과식과 전혀 다른 의미이다. 몸이 원하는 만큼만 먹는다는 이야기다. 우리는 때로 분위기에 취해, 혀끝에 닿는 자극적인 맛에 취해 과식을 하고 만다. 충분히 먹는다는 것은 많이 먹는 것을 의미하는 것이 아니라, 내 몸이 보내는 신호에 응답할 만큼 먹는 것을 의미한다.

둘째, 즐기면서 먹는다. 나는 굉장히 즐겁게 먹는다. 함께 먹는 상대와 많은 대화를 나누고, 저녁 식사 자리면 와인도 한두 잔 마신다. 영양소는 몸에 남고, 칼로리는 대화를 통해 에너지로 소비되고, 스트레스는 알코올과 함께 증발하는 것 같아 기분이 좋아진다.

셋째, 누구보다 맛있게 먹는다. 가끔 죄를 저지르는 것처럼 불편한 표정으로 조금씩 먹는 무용수들과 밥을 먹을 때가 있다. 그럴 때면 나는 속으로 '아니, 먹는 것만큼 즐거운 것이 또 어디 있다고!'라고 생각한다. 어차피 먹을 거라면 세상에서 가장 행복한 표정으로 누구보다 맛있게 먹는다. 간단한 반찬 하나를 먹더라도 만들어준 사람에 대한 고마움을 마음 깊이 새기며 음식 하나하나, 재료 하나하나를 충분히 음미하며 식사한다.

어린 시절부터 나는 '야채 킬러'라 불릴 정도로 야채를 많이 먹었다. 엄마가 야채를 요리해 주면, 육식을 선호했던 아버지와 언니는 웬만해서는 손도 대지 않았다. 그러면 야채 반찬은 다 내 몫이 되었다. 어릴 때는 양념을 듬뿍 넣어 푹 익힌 야채 요리를 좋아했다. 나이가 들면서는 살짝 삶아 소금과 올리브유를 뿌린 브로콜리나 생토마토 등 있는 그대로의 야채 맛을 살린 음식을 좋아한다. 김치도 좋아해서 브로콜리에 김치를 곁들인다. 남편은 웬만한 한국 베테랑 주부들이 한 것보다 훨씬 더 맛있는 김치찌개를 끓여준다.

생선 역시 무척이나 좋아하는 식재료인데, 회와 익힌 요리 모두 좋아한다. 특히 독일에서는 재래시장에 가서 직접 고르고 흥정해서 사와 요리하기도 했는데 그러면 더 맛있게 느껴졌다. 생선요리라고 하긴 뭣하지만, 참치캔도 잘 먹는다. 특히 빨간 양념이 들어간 매콤한 고추 참치를 무척 좋아한다.

발레리나로 엄청난 연습량을 견디려면 적정량의 단백질과 지방이 필수이다. 그래서 일주일에 한 번은 닭고기를 챙겨 먹었지만, 살이 붉은 육류는 먹지 않는 편이다.

2015년에 예능 방송에 출연해서 우리 집 냉장고를 통째로 공개한 적이 있다. 냉동실 안에서 낙지며 새우 같은 해산물이나 닭가슴살만 나오자 MC들은 내게 왜 돼지고기나 쇠고기 같은 것이 없냐며 이렇게 물었다.

"마지막으로 삼겹살을 드셔본 적이 언제죠?"

"전 삼겹살을 왜 좋아하시는지 이해가 잘 안 돼요. 사실 한 번도 먹어본 적이 없고요."

나의 대답에 관객과 MC 들은 눈을 휘둥그레 뜨며 놀랐다. 마치 발레를 위해 먹는 것을 희생해온 것처럼 나를 안타깝게 바라보았다. 방송이

나온 이후 딱 한 번 삼겹살을 먹게 되었는데, 역시나 내 입맛에 맞지 않았다. 왜 좋아하는지 이해를 못하는 건 여전하다.

육류를 좋아하지 않는 데는 이유가 있다. 어렸을 적이었다. 새벽녘 한참 단잠에 빠져 있는데 푸드덕 푸드덕 요란한 소리가 났다. 눈을 부비며 소리의 출처를 찾아갔는데 부엌에서 부모님이 자식들 먹인다고 삼계탕용 닭을 잡고 있었다. 목을 쥐고 털을 뽑는 모습을 본 이후로는 상 위에 올라온 고기를 먹을 수가 없었다. 발레리나의 몸 관리에 탁월하다며 갖가지 간 요리를 차려주셨던 마리카 선생님도 내가 육류를 즐기지 않게 된 데 혁혁한 공신이긴 하다.

발레리나 시절에는 하루에 3리터 이상의 물을 마셨다. 연습으로 배출된 수분을 보충하기 위해 늘 2리터짜리 생수통을 들고 다니며 마시곤 했다. 열정을 다해 연습을 마치고 나면 온몸은 땀으로 흠뻑 젖는데, 특히 집중해서 연습한 날은 머리끝부터 발끝까지 땀이 비 오듯이 흘러내린다. 그렇게 집중해서 훈련한 뒤 시원한 물 한 잔을 마시면 상쾌한 희열이 느껴진다. 지금은 여러 병의 물통을 곁에 두고 끊임없이 마시고, 따뜻한 차도 즐겨 마시고 있다.

무용수들은 기본적으로 자기애가 강한, 조금은 나르시시스트적인 성향을 가지고 있다. 무대 위에 서 있는 모습, 그리고 아름다운 춤 동작을 표현해내는 자신의 모습을 끊임없이 떠올리고 상상하고 연습하기 때문이다. 작은 동작과 몸짓, 표정 하나하나 신경 쓰면서 집중하여 훈련하는 발레리나들은 바쁜 일상 중에 자기 자신에 대해 한 번도 떠올리기 힘든 보통 사람들과 달리 자기 자신에 대해 하루 열두 번도 넘게 생각하며 산다. 그러니 자기 자신을 가꾸지 않을 수가 없다. 자기 몸을 사랑하는 사람은 저절로 당당한 자세를 갖게 된다. 자기 관리란 남들 보기 좋은 모습으로 꾸미는 것이라기보다 그런 자세를 만드는 과정이 아닐까?

4

절벽 앞에서

슬럼프가
찾아오면 느리게
걸어라

1

위기는 인생의 정점에 찾아온다

32살이던 1999년에 나는 '무용계의 아카데미'로 불리는 브누아 드 라 당스에서 최우수 여성 무용수상을 받았다. '춤의 영예'라는 뜻의 이 상은 1991년에 초창기 세계 발레 발전의 위대한 공로자인 장 조르주 노베르를 기리기 위해 국제무용협회 러시아 본부에서 제정했다. 한 해 동안 전 세계 유수의 발레단이 선보인 작품을 심사하여 무용가와 안무가, 작곡가 등에게 수여하는데, 줄리 켄트나 실비 길렘처럼 유명한 무용수들이 이 상을 수상했다.

슈투트가르트발레단에서 오랜 군무 시절을 지나 〈카멜리아 레이디〉의 주역으로 활동하던 나는 최우수 여성 무용수상을 받으며 무용계의 별로 떠올랐다. 이는 슈투트가르트발레단의 프리마 발레리나를 뛰어넘어 세기의 발레리나가 됨을 의미했다. 무용계는 동양의 작은 나라 출신으로 최고 권위의 상을 거머쥔 나의 일거수일투족에 큰 관심을 보였다. 러브콜이 쏟아져 다음 시즌까지 공연 스케줄이 꽉 차 있었다. 무용수로 최고 영예를 누리며 장밋빛 미래를 꿈꾸던 달콤한 시간은 오래가지 못했다. 가장 행복한 순간에 가장 큰 고통이 찾아왔다.

지금 멈추어야 계속할 수 있어

▲▽▲▽▲▽▲▽▲▽▲▽

브누아 드 라 당스 수상 후 첫 공연은 〈지젤〉이었다. 늘 부상과 고통을 달고 다니는 직업인지라 그날도 일상적인 다리 통증이라고 여기고 연습실로 향했다. 하지만 정작 연습을 시작하려 하자 통증이 너무 심해져 한 발짝을 내딛기도 힘들었다. 심상치 않은 통증에 병원을 찾아갔다. 인생의 정점이라 여겼던 그때 나는 의사에게 충격적인 진단을 들었다.

"지금 연습을 계속하면 평생 발레를 못할 수도 있습니다."

병명은 정강이뼈 스트레스성 골절이었다. 정강이뼈와 그 주변 근육에 고강도 자극이 반복적으로 가해질 때 생기는 질병인데, 나의 경우 왼쪽 정강이뼈에 금이 가고 뼈 조직이 곪아 있었다. 발레리나에게는 치명적인 부상이었다.

사실 의사에게 진단을 받기 전부터 다리 상태는 심상치 않았다. 5년 전이었다. 높게 점프하다 착지를 잘못해 뼈에 금이 갔고, 의사는 6주간 쉬어야 한다고 했다. 내가 꿈꿔온 〈잠자는 숲속의 미녀〉에 주역으로 발탁된 때였다. 어느 감독이 아픈 발레리나에게 주인공을 맡기겠는가. 발레는 몸으로 하는 일인데 아프다는 사실이 널리 퍼져나가면 그만큼 기회는 줄어들 것이었다. 기회를 놓치고 싶지 않아 발레단에 부상을 알리지 않았다. 뼈에 금이간 채 점프하다 보니 고통이 엄청났지만, 이를 악물고 무대에 섰다. 부상과 피로를 무시한 채 할 수 있다고 나를 몰아붙였다. 그 이후로도 제대로 된 치료를 하지 않고 고통을 무시한 것은 어리석은 짓이었다. 그렇게 고강도 연습을 5년이나 계속했으니 이젠 걸을 수조차 없는 지경에 이른 것이다. 참고 참으면 자연스럽게 치유될 줄 알았던 내가 어리석었다.

"완전히 나을 수 있을까요?"

눈앞이 깜깜해져 묻는 내게 의사는 수술해도 100% 회복될지는 장담할 수 없다고 했다. 뼈는 붙지 않을 것이고, 다시는 무대에 설 수 없을 거라고 말하는 의사도 있었다. 최선의 방법은 1년 이상 발레를 쉬는 것이었다. 마침내 최고 자리에 오른 발레리나에게 1년 동안 쉬면서 상태가 좋아지기를 기다리라는 말은 죽으라는 것과 같았다. 6주면 치료할 수 있었던 부상 때문에 1년을 쉬어야 한다니. 그간 수많은 절망을 겪었지만, 이번 절망은 천 길 낭떠러지였다. 어둡고 캄캄한 긴 터널이 나를 기다리고 있었다.

생애 처음 머리를 자르다

▲▽▲▽▲▽▲▽▲▽▲▽

2000년, 새로운 천 년이 시작되는 축제의 시간 동안 나는 집안에 처박혀 있어야 했다. 춤추고 싶은 열정은 뜨거운데 집에서 쉬고 있자니 화가 치밀어 속에서 불이 났다. 매일 남편을 붙잡고 엉엉 울었다.

"1년 동안 치료를 잘 받으면, 다시 발레를 할 수 있을 거야."

툰츠는 시간이 약이라며, 열심히 치료받자고 다독여주었다. 그 말에 잔뜩 상기되어 이렇게 물었다.

"1년 뒤에 다시 무대에 오르면 지금 나를 사랑해주는 관객들이 여전히 나를 사랑해줄까?"

"글쎄, 하지만 지금 1년을 쉬지 않으면, 평생 관객들 앞에 설 수 없을 거란 것만은 분명해."

나는 그의 말을 따르기로 했다. 하지만 머리로는 이해하는데 몸이 말을 듣지 않았다. 연습을 하루 쉬면 내가 알고, 이틀 쉬면 선생님이 알고. 사흘 쉬면 관객이 아는 법이라고 배운 나에게 무작정 쉬라는 말은 발레를 포기하라는 말이나 다름없었다. 숨이 끊어질 것 같은 고된 훈련보다 회복을 기다리며 집에서 쉬는 것이 더 큰 고통이었다. 새벽 일찍 일어나던 습관이 몸에 배서 아침이면 눈이 번쩍 떠졌고, 평소 활동하던 시간에 무조건 몸을 움직이려 애썼다.

많은 무용수가 부상을 당한 뒤에 다시 무대로 복귀하는 데 실패한다. 낙천적인 성격에 미래의 실패를 미리 두려워해본 적 없는 나 역시 불안을 감출 수 없었다. 1년 뒤에 다시 무대에 오를 수 있을지, 무대에 오른다 해도 관객들이 지금처럼 나를 사랑해줄지, 발레단에서 내 자리는 어떻게 될지 아무것도 확신할 수 없었다.

뭐라도 해야겠다 싶어서 침대에 누워 다치지 않은 오른쪽 다리를 열심히 움직였다. 슬그머니 오기를 부릴 때도 있었다.

"툰츠, 오늘은 좀 괜찮은 거 같은데?"

"……."

"툰츠, 듣고 있어?"

"수진! 대체 왜 그래? 얼마나 아픔을 견딜 수 있는지 시험하는 중이야?"

"정말 괜찮은 거 같아. 이렇게 아주 천천히 다시 하면…… 악!"

왼발에 조금만 힘을 주어도 다시 고통이 밀려왔다. 뼈를 깎는 고통이었다. 늘 힘들어도 참고 견뎌야 한다는 생각에 길들여진 나로서는 혼란스러웠다. 고통에 굴복당하는 내 자신을 견딜 수가 없었다. 그런 나를 안타깝게 보던 툰츠가 말했다.

"수진. 지금 쉬면 1년 후에 다시 무대에 설 수 있는 희망이 50%는 있어. 하지만 지금 무리해서 춤추려고 하면 앞으로 평생 무대에 서지 못하게 될 거야."

발레는 내 인생이었다. 발레 외에 다른 일은 생각해본 적이 없었다. 현실을 받아들이기가 힘들었다. 태어나자마자 죽음을 맞는 것처럼 억울했다. 마음이 아프고 괴로웠다. 이제 막 인생의 정점에 선 내게 무대에 서지 말라니! 연습조차 할 수 없다니! 회복을 장담할 수 없다니!

하지만 시간은 정말 약이었다. 시간이 흐를수록 내가 할 수 있는 최선은 내려놓음이라는 것을 깨달았다. 먼저 내가 '아프다'는 사실을 받아들였다. 돌이켜보니 20여 년 동안 단 한 번도 내 몸을 편하게 내버려둔 적이 없었다. 너무 혹사했으니, 지금까지 힘들게 버텨준 몸에 대한 미안함과 고마움을 갖고 편히 쉬게 해줘야겠다고 생각했다. 언제쯤 회복될지 막연히 예측하는 것도 그만두었다.

그렇게 병원을 오가며 재활 훈련을 받기 시작했다. 근육통을 조금이나마 덜 느끼기 위해 명상을 했다. 발레리나가 된 이후 한 번도 짧게 잘라본 적 없는 머리카락도 단발로 잘라봤다. 현역 시절 유일하게 짧은 머리를 한 시절이었다. 이전처럼 자유롭게 움직일 수 없는 내게 수영은 큰 힘이 되었다. 몸을 쓰는 일 중에 발레 다음으로 재미있는 것을 고르라면 수영이라 할 정도로 나는 수영을 좋아한다. 물론 개헤엄 정도밖에 못하지만, 부상을 입기 전에도 일주일에 한 번씩은 꼭 다녀오곤 했다. 재활 기간 동안에는 더 자주 수영장을 다니며 몸을 움직였다. 물속에서 유유자적 헤엄을 치고 있으면, 부상과 언제 끝날지 모르는 공백기에 대한 부담이 그저 물처럼 흘러가버리는 듯했다.

하루에도 몇 번씩 감정이 요동치는 재활 기간 동안 또 다른 벗이 되어준 것은 바로 음악이었다. 재즈, 삼바, 클래식 등 기분에 따라 장르를 불문하고 음악을 들었다. 다만 발레 음악은 듣기만 해도 우울해져서 되도록 듣지 않았다.

나는 평소에도 오페라를 좋아한다. 오페라 〈토스카 La Tosca〉에서 카바라도시가 연인 토스카를 향해 부르는 사랑 노래 중 이런 대목이 있다. "예술은 신비로운 힘으로 서로 다른 두 아름다움을 하나로 만든다." 나는 이 대목을 참 좋아한다. 발레와 닮아 있기 때문이다. 발레는 음악과 뗄 수 없는 예술이기에 음악을 잘 이해하는 무용수일수록 감정 표현이 더 깊고 풍부하다. 몸으로 단련할 수 없다면 음악을 통해 마음으로 단련하는 수밖에. 연습할 수 없어 굳어가는 몸 대신 마음을 음악으로 달래며 희망의 끈을 가까스로 붙들고 있었다.

다시, 화려하게 날다

▲▽▲▽▲▽▲▽▲▽▲▽

연습을 쉰 지 9개월째 되던 어느 날, 엑스레이를 찍었는데 뼈에 간 금이 1mm 붙어 있었다. 고작 1mm인데도 나에게는 한 줄기 빛이었다. 한번 붙기 시작한 뼈는 속도를 내며 빨리 붙어갔다. 여기저기 고장 난 몸도 많이 회복되어 있었다.

문제는 다시 시작하는 일이었다. 고통 없이 두 발로 걸을 수 있게 되었을 때, 몸 근육은 아이처럼 흐물흐물해진 상태였다. 왼쪽 다리는 45도 이상 올라가지 않았다. 발레를 처음 시작한 중학교 때보다 더 굳은 몸으로 처음부터 다시 시작해야 했다. 끔찍했다. 그렇게 그리워하던 발레였는데 막상 힘든 현실을 마주하자 '수진, 그 힘든 걸 처음부터 다시 하겠다고? 이제 그만할 때가 된 것 같아'라는 내면의 목소리가 들려왔다.

갈팡질팡할 때 문득 누군가 내게 했던 말이 떠올랐다. "사람은 할 수 없는 것을 고민하는 순간부터 불행해진다." 나에게 하는 말 같았다. 일단은 할 수 있는 것만 생각하기로 했다. 하루하루 잘 버텨내는 것에만 집중했다. 재활 기간이 아직 다 끝나지 않았지만 상태가 급격히 호전되면 무대로 복귀할 수 있을지 모르니 만반의 준비를 하자고 마음먹었다. 고난도 연습은 힘들지만 기본적인 스트레칭과 가벼운 발레 동작은 무리가 가지 않을 정도로 반복했다. 희망의 끈을 간신히 붙잡고 있다

보니 삶의 긴장감은 어느 때보다 더 팽팽했다. 발레에 최적화된 근육을 처음부터 다시 만드는 일은 무지막지하게 힘들었다. 몸의 유연성을 되찾고 무너진 근육을 회복하기 위해 툰츠가 나를 위해 고안한 요가를 접목한 스트레칭을 해나갔다. 공연 날짜도, 맡은 배역도 없는 상태에서 발레단으로 돌아갈 준비를 했다.

그렇게 연습한 지 3개월이 지났을 때, 마침내 재기 무대가 주어졌다. 슈투트가르트발레단 〈로미오와 줄리엣〉 중국 순회공연의 줄리엣 역할이었다. 발레단에서 7년의 군무 생활을 거쳐 맡은 첫 주역이 줄리엣이었다. 첫 주연을 맡아 설레고 흥분되던 그때처럼 맹렬히 연습했다. 몸은 걱정했던 것보다 빨리 만들어졌지만, 오히려 마음을 다스리기가 어려웠다. 예전처럼 무대에서 잘해낼 수 있을지 걱정이 커져갔다. 불안을 지우기 위해 더 연습에 몰두했다.

첫 리허설 날. 나는 완벽하게 준비된 상태로 발레단에 들어섰다. 그리고 최상의 컨디션으로 리허설을 마쳤다. 그날 부상으로 깨진 몸의 리듬을 되찾는 것이 얼마나 힘든지 잘 아는 동료들은 나의 복귀에 뜨거운 박수를 보내주었다. 그 박수 소리 속에서 발레단 동료들 사이에서 강수진은 언제나 준비되어 있다는 믿음이 더 단단해졌다.

2001년 3월, 공연을 쉰 지 1년 3개월 만에 나는 다시 분장실 거울 앞에 앉았다. 거울 속, 분장을 한 내 모습에 마치 집에 돌아온 듯 마음이 편안해졌다. 그 전날은 잠을 잘 이루지 못했다. '과연 무리 없이 무대를 마칠 수 있을까' 하는 헛된 의문이 밤새 나를 괴롭혔다. 그러나 관객들은 기대감으로 나를 반겨주었다. 추운 날씨에도 나의 재기 공연을 보기 위해 찾아와주었다. 그 고마운 마음 앞에 감히 스텝 하나도 주춤거릴 수 없었다.

1년 동안 깊은 어둠을 걷는 고통은 나를 성숙하게 했고, 나의 발레는 더욱 깊어졌다. 그간의 고통과 인내가 헛되지 않았던 걸까. 성공적으로 무대를 마친 나에게 관객들은 아낌없는 박수와 환호를 보내주었다.

한 독일 관객은 한국 방송과의 인터뷰에서 이렇게 말했다.

"인상적인 무대였어요. 강수진이 부상을 이겨내고 이렇게 멋있게 재기할지 몰랐어요. 3시간 동안 연기한다는 것도 대단한 정신력이에요. 정말 대단해요. 이 극장에서 6년 전에 강수진이 줄리엣 역을 하는 것을 본 적이 있어요. 오늘 공연 안내지에서 그녀 이름을 다시 보게 되어 기뻤어요. 강수진을 이곳 발레단에서 군무를 추던 때부터 봐왔어요. 마술과도 같은 연기를 하는 그녀는 보석 같아요."

발레리나들이 은퇴를 생각하는 33살의 나이. 나는 그 나이에 힘든 재활 기간을 견뎌내고 재기에 성공했다. 예전에 부상을 숨긴 채 공연했을 때는 금이 간 뼈 때문에 점프할 때마다 눈물이 핑 돌 정도로 아팠다. 공연을 마치고 무대 밖으로 나올 때 엉엉 울면서 나올 정도였다. 고통 때문에 얼굴이 찡그려질까 봐 다친 다리에는 힘을 빼고 한 다리로 춤을 추다시피 하고 내려온 무대도 많았다. 하지만 재활을 마치고 나온 몸은 예전과 달랐다. 점프가 훨씬 더 쉽고 몸도 어느 때보다 더 단단하고 가벼워졌다.

절망으로 가득한 시간을 거치면서, 이제까지 당연하게 여겨온 것들에 대해 많은 생각을 하게 되었다. 나는 늘 지금 이 무대가 마지막 무대라고 생각하고 발레를 해왔다. 하지만 힘든 시간을 지나오면서 내가 발레를 얼마나 사랑하는지, 몸으로 표현하는 일이 나를 얼마나 행복하게 하는지를 절실하게 깨달으면서, 앞으로 얼마나 더 무대에 설 수 있을지를 생각하게 되었다. 그리고 진정 사랑하는 무대에 한 번이라도 더 서기 위해 무엇을 해야 하는지도……

1986년에 발레단에 입단해 14년간 혼신의 힘을 다해 춤추다가 부상으로 1년을 쉬었고, 그 후 15년을 더 춤추고 2016년에 은퇴했다. 발레리나 15년 차에 부상이 나를 멈추게 하지 않았다면, 정신적 육체적 피로로 20년도 채우지 못하고 은퇴했을 것이다. 어릴 때부터 쉰다는 생각은 해보지 않고 살아온 나를 부상이 옴짝달싹 못하게 묶어두었기에, 30년이라는 긴 시간 동안 발레를 즐겁게 할 수 있었다. 힘든 시간을 버텨온 나에 대한 자부심이 더해지니 오히려 더 힘이 솟았다. 나는 누구보다도 열정적으로 살아왔고, 살아가고 있다. 오늘 할 수 있다면 내일도 할 수 있다. 그런 믿음 하나로 충분하다고 나를 보듬었다.

2013년 슈투트가르트 발레단 스튜디오에서 〈카멜리아 레이디〉 리허설.

▲▲▲▲▲▲▲

2

무대는 내가 포기한 그 자리에서 끝난다

1년을 완전히 쉬는 중대한 슬럼프는 다행히 한 번뿐이었지만, 크고 작은 슬럼프는 잊을 만하면 찾아왔다. 아쉬운 소리를 잘하지 않는 성격 때문에 마치 슬럼프도 없이 씩씩하게 모든 것을 이겨낸 것처럼 강인하게 보이지만, 슬럼프는 매번 이겨내기 어려운 고통과 풀어야 할 숙제를 던지곤 했다.

슬럼프는 예외 없이 찾아온다

▲▽▲▽▲▽▲▽▲▽▲▽▲▽

모나코 왕립 발레학교에서 유학 생활을 한 첫해에는 주말마다 부모님께 전화해 울 만큼 힘들었다. 1980년대의 한국은 비자가 잘 나오지 않았다. 여름 방학 때 친구들은 모두 집으로 돌아가는데 나만 한국으로 돌아가지 못하고 기숙사에 혼자 남아야 했다. 혼자 연습하고, 울고, 주방에서 밥을 해먹는 하루를 반복했다. 아무리 발레가 좋고 연습이 좋아도 하루하루 혼자 버텨야 하는 게 너무 힘들었다.

한번은 짐 싸서 한국으로 돌아갈 결심을 하고 교장 선생님 댁으로 찾아갔다. 당시만 해도 말도 잘 안 통해 손짓 발짓을 하며 "한국에 가겠다"며 엉엉 울었다. 그랬더니 마리카 교장 선생님은 그 엄한 얼굴을 누그러뜨리며 "수진, 넌 재능이 있어. 내가 도와줄게" 하며 안아주셨다. 무섭기로 소문난 그분 품 안에서 엉엉 울고 나니 사랑받는 기분이 들었다. 인생의 첫 슬럼프는 그렇게 무사히 지나갔다.

두 번째 슬럼프는 슈투트가르트발레단에 입단하고 난 뒤 찾아왔다. 당시 나는 모나코 왕립 발레학교를 우수한 성적으로 졸업하고 재학 중에 로잔 콩쿠르에서 수상한 재원이었지만, 슈투트가르트발레단에서는 고작 신입 막내 단원일 뿐이었다. 세계에서 손꼽히는 발레단일 뿐 아니라 드라마 발레로는 최정상인 그곳에는 한 세기를 주름잡는 쟁쟁한 선배들이 진을 치고 있었고, 동기들의 실력도 못지않게 화려했다. 가장 어린 단원인 나는 제일 밑바닥에서 차례를 기다리는 것이 당연했다. 지금은 재능이 있으면 신입에게도 기회를 주지만, 당시 발레단은 순서를 기다려야 기회가 주어지는 시스템이었다.

나는 군무 후보 순위 5번 단원이었다. 선배들이 다치거나 감기에 걸려야 겨우 무대에 설 기회가 올까 말까 한 입장이었다. 대단한 무용수가 되겠다는 거창한 꿈은 없었지만, 무대에는 꼭 서고 싶었다. 모든 무용수의 꿈은 무대에 서는 것이다. 군무라도 좋았다. 무대에만 올려주기를 바라고 또 바랐다.

그러나 2년 동안 단 한 번도 무대에 오르지 못한 채 혼자서 스텝만 연습했다. 나도 인간인지라 그 시간을 버티기가 쉽지 않았다. 우울감이 찾아왔고 스트레스가 심해 폭식을 시작했다. 어느새 살이 너무 많이 찌는 바람에 군무 후보에서도 탈락할 지경이었다. 여자 무용수가 살이 쪄 있으면 여자 무용수를 번쩍 들어 올려야 하는 남자 무용수에게 큰 무리가 가기 때문에 부상 위험은 물론 무대를 망칠 가능성이 크다. 자연히 발레리나의 생명도 위태로워졌고, 실제로 발레를 그만두라고 말한 사람도 있었다. 그러면 더 스트레스를 받아 또 폭식하기를 반복했다.

슬럼프의 절친한 친구는 망상이다. 슬럼프에 빠지면 나쁜 생각이 꼬리에 꼬리를 문다. 발레단 옥상에 올라가 뛰어내리고 싶은 충동에 몸을 뗀 적도 많았다. 외롭고, 괴롭고, 모든 것이 귀찮았다. 학교에서는 너무 힘들면 교장 선생님이 돌봐주셨지만, 발레단은 스스로 일어나지 않으면 아무도 보살펴주지 않는 냉혹한 사회였다. 발레를 그만둘 거라면 몰라도 이대로는 안 되겠다 싶었다. 발레가 아닌 스트레스와 싸우느라 내 자신을 계속해서 망칠 순 없었다. 이를 악물고 연습해 다시 체중을 감량했지만, 발레단에 입단하고 첫 3년은 가시밭길이었다.

무대에 선 발레리나는 우아해 보이지만, 한 꺼풀만 벗겨 보면 부상과 근육통을 달고 사는 극한 직업이다. 나는 목 아래로는 부러지고 금가지 않은 데가 없을 정도로 온몸에 부상을 입었다. 오히려 컨디션이 좋은 날 사고가 나곤 했다. 그날은 온몸에 에너지가 넘쳐 연습실에서 점프를 할 때도 날아다녔다. 유독 컨디션이 좋아서, 오늘 공연은 더 성공적일 거라 믿고 기분 좋게 무대에 섰다. 그런데 몸에 에너지가 너무 팔팔했던지 점프를 과하게 하는 바람에 제대로 착지하지 못하고 바닥에 곤두박질치고 말았다. 우당탕! 바닥에 떨어진 나는 늘 그랬듯 아무렇지 않게 일어서려고 했으나, 갑자기 밀려오는 통증 때문에 옴짝달싹할 수 없었다. 아무래도 발목이 부러진 것 같았다. 음악은 계속 흘러나오는데 동작은 계속할 수 없는 상황. 나는 어쩔 수 없이 한 다리에 의존해 기어가다시피 하며 무대를 황급히 내려왔다. 한순간의 실수로 그렇게 나는 3개월 동안 발이 부러진 채 지내야 했다. 그 이후로 나는 공연 전에 넘치는 힘을 빼기 위해 집 청소를 하는 등 몸을 더 피곤하게 만드는 습관이 생겼다.

갈비뼈와 꼬리뼈가 부러지는 것은 예삿일이었다. 꼬리뼈가 부러진 것도 모르고 연습했는데, 몇 년 뒤에 갈비뼈를 다쳐서 병원에 갔더니 의사가 꼬리뼈는 괜찮으냐고 물은 적도 있었다.

"여기 꼬리뼈가 부러졌다가 붙은 흔적이 있네요."

한번은 마지막 총리허설까지 잘 끝내놓고, 무대에 서기 직전에 계단에서 넘어져 다치는 일도 생겼다. 감기로 열이 40도까지 올라간 상태에서 무대에 섰다가 비몽사몽으로 어떻게 공연을 마쳤는지도 모르고 내려와 뼈저리게 후회하기도 했다. 그 이후로 열감기가 걸렸을 때는 차라리 공연을 안 하는 게 낫다는 교훈을 얻었다.

몸이 아플 땐 고통을 이겨내면 그만이었지만, 마음이 아플 땐 방법이 없었다. 그래도 살기 위해서는 이겨내야만 했다. 내리막 없이 승승장구만 하는 인생은 없다. 누구나 잘하다가도 떨어지는 때가 있다. 최고의 순간이라 믿었던 때가 최악으로 찾아오기도 한다. 하지만 그것이 인생의 리듬이라 믿는다. 나는 내 인생에 찾아온 수많은 위기를 겪으며 강해졌다. 최고의 순간은 최악의 순간을 밑거름 삼아 만들어진다는 것을 배웠다.

움직여, 조금씩 벗어나게 될 거야

성공한 사람들은 어려움 없이 목표한 바를 척척 잘해냈을 것 같지만 절대로 그렇지 않다. 포기라는 글자 앞에 흔들리고 낙담하는 건 누구나 똑같을 것이다. 차이가 있다면 깊은 슬럼프에서도 나를 놓지 않고 동기부여를 한다는 것이다. 성과가 날 때까지 내면을 담금질하고 도전해 끝장을 본다는 것이다.

잦은 슬럼프를 겪으며 익힌 슬럼프 극복 방법은 두 가지이다. 첫째는 마음을 움직이는 것이고, 둘째는 몸을 움직이는 것이다.

슬럼프는 본질적으로 마음의 문제다. 슬럼프에서 벗어나려면 어두운 마음속에서 빠져나와야 한다. 슬럼프로 몸서리칠 때면 매일 거울 앞에서 '수진, wake up! 정신 차려!'라고 외친다. 한번 부정적인 생각이 시작되면, 나쁜 생각이 꼬리에 꼬리를 문다. 자기 비하의 끝을 달린다. 그럴 때 단호하게 어두운 생각에서 등 돌리고 긍정적인 방향을 향해야 한다.

나는 평소에도 뉴스를 자주 보는 편이다. 드라마도 좋아하지만, 뉴스는 항시 틀어놓을 정도로 시사에 관심이 많다. 수십 년 동안 이어진 내전으로 부모를 잃은 아이, 반군이 설치한 지뢰에 다리를 잃은 채 구걸로 하루하루를 연명하는 아이, 지독한 가뭄과 가난을 겪는 아이들과 나는 같은 세상에서 살고 있다. 같은 하루를 맞이하고 있다. 가끔 세계 곳곳의 가슴 아픈 사연을 접할 때면 스스로에게 이런 말을 걸곤 한다.

'아침에 눈을 뜨고 나서야 하루를 또 살아남았다고 생각하며 감사해할 아이들. 한 끼 옥수수죽을 먹으면서도 좋아서 싱글벙글 웃는 아이들. 두 다리가 없지만 목발을 짚을 두 팔이 있어서 다행이라고 여기는 아이들…… 저런 아이들도 있는데 너는 얼마나 행운아니? 무슨 걱정이 있니? 너의 괴로움은 사치스러운 것이 아니니?'

그들에 비하면 내가 얻은 기회와 재능은 사치스럽고 나의 괴로움은 하찮을 수도 있다. 우물 안 개구리처럼 내 안의 괴로움에 묻혀 있을 때, 기회를 못 가진 사람들을 대신해 내가 할 수 있는 일을 생각하고 실천하다 보면 슬럼프도 조금씩 사그라진다. 스스로를 가혹하게 밀어붙이는 게 아니냐고? 하지만 마음의 늪에 빠져 헤어나지 못하는 것보다는 낫다고 생각한다.

마음을 겨우 달랬다면 그다음은 젖 먹던 힘까지 짜내 한 발짝이라도 몸을 더 움직이는 것이다. 땀만큼 엔도르핀을 돌게 하고 희망의 빛이 되어주는 것이 없다. 연습만큼 정직한 것은 없다. 하루 18시간씩 땀과 눈물을 쏟아내면 상황은 반전된다. 발레리나에게만 해당하는 방법이 아니다. 몸을 일으켜 햇살이 쏟아지는 야외를 걷고 뛰는 일도 좋다. 작은 성취를 한번 맛보면 그다음의 성취는 훨씬 더 쉽게 찾아온다. 그러면 어제까지의 어두운 마음은 눈 녹듯 사라진다. 예쁜 액세서리와 옷,

달콤한 향수가 나를 빛나게 하고 기분을 좋게 해주듯, 내 얼굴과 몸에 반짝이는 땀이라는 액세서리는 그 무엇보다 기분을 '업' 시켜준다.

슬럼프 한 번 없는 인생은 없다. 슬럼프를 겪고 있는 많은 사람에게 말해주고 싶다. 슬럼프는 순간이지 영원한 것은 절대 아니라고. 그 슬럼프가 당신을 더 깊은 존재로 만들어줄 것이라고. 마음을 밝은 쪽으로 이끌고 몸을 조금 더 움직여보라고. 그러면 슬럼프는 조금씩 멀어져 갈 거라고 말이다.

마지막으로 한 가지 더 언급한다면, 바로 '마음이 시키는 대로 아무것도 하지 않는 것'도 도움이 된다는 것이다. 10대 후반 발레단에 입단한 이후로 세계 이곳저곳을 떠도는 일이 많았다. 해외 초청공연이나 발레단 투어 등으로 비행기 안에서 보내는 시간이 꽤 많았다. 20대에는 평소 너무 바빠서 길게 얘기할 틈 없었던 단원들과 수다 떠는 데 집중했다. 솔로로 활동하던 30대에는 공연에 대한 책임감 때문에 컨디션을 위해 일부러 최대한 잠을 자려고 애썼다. 평소 잠이 별로 없는 편이라 잠이 오지 않을 때에는 머릿속으로 공연을 한 장면 한 장면 재생해보면서 무료한 시간을 달래곤 했다. 아무것도 하지 않는 시간이 그렇게 괴로울 수가 없었다.

그런데 40대 이후로는 내 마음 가는 대로 했다. 한숨도 자지 못하고 바로 공연을 시작하는 일도 많았는데, 그럴 땐 일주일의 수면 시간이 두 자릿수를 채우지 못하기도 했다. 하지만 잠에 대한 강박을 버리고

나니 피곤한지 모르고 오히려 정신이 더 또렷하고 상쾌했다.

모든 것을 걸고 열심히 하면 성과가 나는 다른 일들과 달리 내 마음을 다스리는 일은 뜻대로 되지 않을 때가 많다. 지쳐서 힘들 때는 그냥, 내 맘이 시키는 대로 몸을 둬도 된다. 지금도 나는 가끔씩 아무 생각도 하지 않는 상태를 즐긴다. 남편이 "무슨 생각해?"라고 물어보면 이렇게 대답한다. "나? 지금 아무 생각도 하지 않는 완전 편한 상태!"

인생이라는 무대 위에서 넘어지지 않는 사람은 없다. 나 역시 수많은 작품을 준비하면서 넘어지지 않은 적은 한 번도 없다. 무대 위에서 화려하게 날아올랐다가 곤두박질쳐 망신을 당하는 일도 부지기수였다. 하지만 인생에서 넘어지는 건 하나도 중요하지 않다. 문제는 일어서는 것이다.

우리는 언제나 넘어진 그 자리에서 다시 시작해야 한다. 아프다고 주저앉으면 그 무대는, 그 인생은 거기서 끝난다. 수없이 일어섰기에 사람들이 '강수진'이라는 이름을 기억하듯이, 당신도 세상이 모두 아는 당신만의 이름을 가질 자격이 있다. 아프지만, 그럼에도 불구하고 일어나기를. 당신은 그럴 자격이 있는 사람이다.

〈마타하리〉의 공연 장면.

▲▲▲▲▲▲▲

3

나를 다스리고 사랑하라

누구나의 인생이 그러하듯, 내 인생에도 힘든 일들이 많았다. 아침에 눈을 뜨자마자 울음이 터지기도 하고, 고난이도의 테크닉을 하기가 겁날 때도 있었으며, 몇 날 며칠을 악몽에 시달리기도 했다. 문제는 나의 상태는 매번 다른데, 올라가야 하는 무대는 어김없이 돌아온다는 것이었다. 발레리나의 개인 사정은 관객들의 관심사가 아니다. 그저 오늘 내가 보는 공연이 최고의 공연이었으면 하는 바람뿐일 것이다. 관객의 기대는 발레리나에게 상상하기 어려울 정도로 큰 부담이자 어김없이 연습실로 나갈 수 있는 동력이 된다. 어떤 상황이 오더라도 무대에 오를 수 있도록 늘 만반의 준비를 하고 있지만, 그럼에도 불구하고 힘든 상황은 많았다.

마음에도 훈련이 필요하다

슈투트가르트에서 살 때 우리 집에서 발레단까지는 걸어서 10분 거리였다. 아름드리 가로수가 이어진 길을 따라 걷는 그 출근길은 늘 평화롭고 상쾌했다. 그러던 어느 날, 그 출근길을 지옥으로 만든 사건이 벌어졌다. 그날은 아침 공연이 잡혀 있어서 새벽에 집을 나섰다. 여느 때처럼 숲 사이로 쏟아지는 햇살이 따사로웠고, 나는 기분 좋게 아침 운동을 마치고 좋은 컨디션으로 집을 나선 참이었다. 신호등만 건너면 바로 발레단 건물로 들어갈 수 있었다. 그때, 피범벅인 남자 2명이 뒤에서 나를 덮쳤다. 그들은 나의 머리채를 잡아끌고 가려고 했다. 다행히 나를 발견한 경비 아저씨 덕분에 어렵사리 빠져나왔지만, 나는 너무 무서워서 제대로 말을 못 이을 정도로 온몸을 벌벌 떨었다. 그들은 마약에 취한 상태였고, 아무 이유 없이 나를 해코지한 것이었다. 나는 충격과 공포에서 헤어나지 못한 상태로 예정된 무대에 올라야 했다.

그런데 재미있는 것이, 무대에 오르기 전에 어떤 일이 있었건 무대

슈투트가르트 발레단 스튜디오에서 마르시아 하이데 감독과 함께.
그녀 역시 발레리나를 거쳐 예술감독이 되기까지 수많은 역경을 이겨낸
인생 선배 중 한 사람이었다.

▲▲▲▲▲▲▲

위에 오르면 그 일이 잊혀졌다. 아무 일도 없었다는 듯이 무대에서 나비처럼 가뿐하게 날았다. 평소 한 훈련이 몸에 밴 덕분이었다. 하지만 그날의 트라우마는 깊어서, 2년 동안 호신용 스프레이 없이는 혼자 걸어 다니지도 못했다.

자연재해로 인해 죽을 뻔한 적도 있다. 1999년이었다. 남편은 해외 출장을 가고 없었다. 이틀간의 짧은 휴가가 생겼는데, 딸처럼 나를 아껴주시는 시어머니가 눈앞에 아른거렸다. 시어머니께 전화를 걸어 찾아뵙고 싶다고 했더니 당장 오라고 하셨다. 비행기 티켓을 끊어 터키 이스탄불로 향했다. 시어머니가 해주신 저녁을 맛있게 먹으며 정답게 이야기를 나누고 잠자리에 들었다. 그런데 그날 새벽 2시에 대지진이 났다. 2층 침실에서 자고 있던 우리는 놀라서 깨어났고 가구들이 넘어지고 가재도구들이 우수수 떨어지고 깨어지는 가운데 몸을 숨겼다. 이대로 죽는구나 싶었다. 사상자가 1만 명에 이르는 진도 7.8 규모의 강력한 지진이었다. 시어머니가 거주하는 건물은 피해가 크지 않아서 둘 다 다친 곳 없이 무사했지만, 지진 트라우마는 몇 년간 악몽에 시달릴 정도로 오래갔다.

그런 일을 겪은 직후에도 무대에 올라야 하는 게 프로페셔널이다. 일상에서 어떤 일이 있건 무대에서 흔들리지 않는 것이 프로페셔널이다. 프로페셔널이 되려면 역량만큼이나 강한 정신력이 필수적이다. 나는 주로 아침 사우나 시간을 활용했다. 사우나 시간을 내 마음속 불안을 하나하나 꺼내어 돌보는 시간으로 삼았다. '나는 못해'라는 생각을 '나는 할 수 있어'로 바꾸고, '부상당하면 어떡하지?'라는 염려를 잠재웠다. 마음에 어떤 두려움이 웅크리고 있건, 어떤 괴로운 일들이 나를 괴롭히건, 내 감정과 대화를 나누다 보면 평온한 상태에 이른다. 그런 시간을 가지고 나면 발레단에 들어설 때 내 감정은 단정하게 정돈된 상태다.

어느 세계에서 일하건 가장 힘든 것은 나를 다스리는 일이다. 국립발레단 예술감독을 맡은 후로 집을 나서기 전에 나를 준비시키는 아침 시간은 더 중요해졌다. 내 에너지가 좋아야 국립발레단 전체에 긍정적인 에너지를 줄 수 있기 때문이다. 발레단을 책임지는 내가 나를 다스리지 못하면, 그 영향이 다른 단원과 직원에게 고스란히 전해진다.

감정만큼 사람들에게 전염되기 쉬운 것이 없다. 발레단에 발 딛는 순간부터 기분 좋은 에너지와 열정으로 가득 차 있어야만, 발레단 전체의 열정을 한껏 끌어올릴 수 있다. 내가 기분 나쁜 상태로 출근하면, 어떤 사람은 눈치를 보고, 어떤 사람은 덩달아 기분 나빠질 수 있다. 내 안이 완전하지 않으면 일이나 관계에서 균열이 일어난다. 리더가 존경할 수 있는 모습을 보여야 조직이 하나로 똘똘 뭉쳐 발전한다. 그래서 이전보다 더 나를 돌보는 일이 중요해졌다.

뜨거운 열정을 유지하기 위해서는 엄청난 에너지가 필요하다. 국립발레단 단장으로 취임해 가장 먼저 한 일이 나만의 아침 의식을 치르기 위해 한국의 집에 사우나를 들여놓는 것이기도 했다. 사우나는 3일 만에 설치되었는데, 그 신속한 처리에 내가 한국에 있음을 실감했다. 예술감독의 역할을 하기 위해서도 컨디션을 잘 관리하는 것이 중요하기에, 지금 생각해도 전혀 아깝지 않은 투자였다. 현역 발레리나 강수진은 은퇴했지만, 나는 지금도 매일 30분~2시간씩 아침 훈련을 한다. 발레리나든, 발레단의 단장이든 내 인생의 어느 순간이든 프로페셔널로 살아가기 위해, 세상에 나가기 전에 몸과 마음을 강하게 만드는 것이다.

5

완벽한 당신

사랑이
자신을 더 빛나게
한다

1

변치 않는 사랑으로 한 번 더 뛰어오른다

발레의 2인무 '파드되', 남자 무용수와 발레리나가 마치 한 몸이라도 된 듯 호흡을 맞춰 관객에게 몸으로 두 사람의 이야기를 들려준다. 보통 남녀 파드되라고 하면 남자 무용수가 발레리나를 들어 올리는 리프트 동작을 떠올린다. 남자가 무척 힘이 세겠구나, 혹은 여자가 엄청 가벼운가보다! 하고 감탄하겠지만 사실 힘의 균형보다 더 중요한 것은 남녀의 호흡이다. 여자는 뛰어오르고 남자는 지탱하는 그 찰나에 호흡이 맞아떨어져야 발레리나의 몸이 더 가볍게 느껴지기도 하고, 발레리노의 버티는 힘이 더 든든하게 느껴지기도 한다. 말 그대로 숨도 같이 쉬어야 하는 것이다. 그러니 파드되가 잘되려면, 파트너와 무수히 많은 연습을 해야 한다. 내 발레 인생에도 파드되 파트너가 무척 많았다. 그러나 내 인생의 파드되를 함께해준 파트너에 대해 먼저 들려주고 싶다.

그 남자만은 안 돼

▲∨▲∨▲∨▲∨▲∨▲∨

"툰츠? 오…… 노!"
"수진, 잘 생각해봐. 다른 사람이라면 몰라도 툰츠는 신중하게 생각해야 해."

내가 툰츠와 연애한다고 했을 때, 발레단 선배들은 대놓고 반대했다. 그가 유명한 바람둥이였기 때문에 발레밖에 모르는 내가 툰츠의 나쁜 매력에 빠져 사랑의 열병을 앓을까 걱정한 것이다. 하지만 우리는 서로의 영혼까지 뜨겁게 사랑했고 그는 나에게 완전히 정착했다.

19살에 슈투트가르트발레단에 입단한 나는 선배는 물론 동료도 어렵게 느껴졌다. 발레단에 잘 적응하고, 나의 존재를 증명해 보여야 했다. 당시 툰츠는 굉장히 마르고 골격이 뚜렷한 무용수였다. 평소에는 재산꾼이었지만 연습할 때는 조금의 양보도 없는 완벽주의자로 돌변했다. 나에게 툰츠는 너무나도 엄하고 어려운 선배였다. 그래서 발레 단원 모두와 인사를 나누면서도, 입단 후 2년이 지나서야 툰츠와 첫인사를 나눴다.

나중에 들은 얘기로 툰츠는 내가 발레단에 처음 출근한 날, 나에게 반했다. 얼떨떨하지만 결연한 표정으로 극장 계단에 서 있던 동양인 여자를 본 순간 자신의 세상은 정지되었다고 했다. 배경이 하얗게 변하고 정지 화면처럼 나만 보였다고 한다. '그녀는 언젠가 나의 아내가 될 것이다. 내 인생의 파트너가 될 것이다'라고 생각했단다.

그런데 툰츠는 바람둥이답지 않게 나를 오랫동안 지켜만 봤다. 심지어 2년 동안 인사 한 마디, 말 한 마디 나눠본 적이 없었는데도 언제나 지켜만 봤다고 했다. 내가 남자에게는 별 관심이 없고, 발레를 하기 위해 만들어진 기계처럼 오로지 발레 연습에만 빠져 있었기 때문이다. 그런 나를 보면서 처음에는 혀를 내둘렀는데, 곰곰이 살펴보니 발레에 대한 애정뿐 아니라 인생의 중요한 과도기를 지나고 있는 듯한 비장함과 결연함이 엿보였다고 한다. 그는 시간이 얼마가 걸리든 기다리기로 했단다.

나는 당시 친부모처럼 돌봐주시던 마리카 선생님 댁을 떠나 난생 처음 독일 땅에서 홀로서기를 해야 했다. 모든 것으로부터 보호받을 수 있는 학생 신분에서 벗어나 오로지 실력만으로 나를 드러내야 하는 사회인이 된 것이다. 모든 것이 새로웠다. 두렵고 절실했다. 그런 감정이 들 때마다 나는 죽도록 연습을 했다. 그러니 툰츠가 나에게 관심을 가지고 사랑의 감정을 키우고 있다는 사실이 눈에 들어올 리 없었다. 심

툰츠와 함께 발레 스튜디오 한켠에 있는 피아노를 함께 치며 시간을 보내는 모습.

▲▲▲▲▲▲▲

5장 완벽한 당신　▲▲▲▲▲　사랑이 자신을 더 빛나게 한다지어 툰츠가 다른 남자 단원들에게 "수진은 내 여자야! 아무도 건들지 마!"라고 대놓고 엄포를 놓고 다녔는데도 나만 까맣게 모르고 있었다.

오랫동안 나를 지켜만 본 툰츠는 내가 발레단에 안착해 마음에 여유가 생길 즈음인 1989년 5월에 데이트 신청을 했다. 단둘이 만나는 것도 아니고 동료들과 여럿이 축제에 함께 가자는 것이었으니 별 부담 없이 오케이를 했다. 슈투트가르트에서는 매해 5월 슈투트가르트 봄 축제(Stuttgart Frühling Fest)를 개최하는데, 롤러코스터나 관람차 등 화려한 놀이기구와 뮌헨의 옥토버페스트 같은 데서 볼 수 있는 거대한 맥주 텐트 등이 설치되어 그야말로 축제 분위기다. 슈투트가르트 사람들이라면 누구나 즐기는 이 축제에 툰츠와 나, 발레단 동료 10명이 함께 가게 되었다.

나중에 툰츠에게 들은 이야기인데, 화려한 조명과 떠들썩한 인파 가운데 툰츠의 눈에는 나만 보였기 때문에, 단둘이 데이트하는 것처럼 행복했다고 한다. 나는 그가 놀이공원에서 은근슬쩍 건넨 꽃을 받아들고 '이 남자가 나를 좋아하는 건가' 하는 짐작을 처음 하게 됐다. 우리 부부는 아직도 첫 데이트가 언제였는가라는 문제로 서로 자기가 맞다고 우기곤 하는데, 툰츠에게는 이날이 명백히 첫 데이트였다고 한다. 그때 찍은 사진을 아직도 가지고 있는데, 사격 게임을 하는 툰츠와 함께 게임에 집중하고 있는 모습의 사진이다. 데이트인 줄도 모르고 지나갔지만 다행히 사진으로 남아 우리의 첫 데이트를 기념하고 있다.

내 생일날 친구들과 식당에서 저녁을 먹고 있을 때였다. 툰츠가 갑자기 나타나 "네 생일 파티를 한다고 해서 왔어"라며 슬며시 마음을 꺼내보였다. 그 말이 나에게 특별하게 다가왔다. "강수진 씨는 툰츠와 언제부터 연애를 시작했나요?"라는 질문을 들을 때마다 종종 멈칫거리곤 하는데, 왜냐면 우리는 거창한 고백의 말이나 큰 계기 없이 아주 자연스럽게 함께하게 되었기 때문이다. 서로에게 좋은 느낌이 있었고, 늘 함께 있었다. 그리고 온전히 상대만을 사랑하게 되었다.

그렇게 툰츠와 함께한 지 7년이 되던 날, 터키의 한 바닷가에서 그는 프러포즈를 했다.

"수진, 내 여자로 영원히 함께해주겠어?"

나는 조금도 망설이지 않고 대답했다.

"당연하지!"

결혼을 결심하고 툰츠 어머니를 처음 뵙기로 한 날, 조금은 어색하고 떨리는 마음으로 터키에 있는 툰츠 집에 방문했다. 어머니는 문 앞에 서 있는 나를 발견하자마자 "오, 수진! 어서 와요. 진심으로 환영해요!"라며 꼭 안아주셨다.

툰츠는 깜짝 놀랐다. 그간 툰츠는 여자 친구가 많았고, 그중 몇몇은 집으로 데려와 어머니께 소개를 해드렸다. 그때마다 어머니는 마음에 안 든다며 차갑게 대했다고 한다. 그런 어머니가 처음으로 환하게 반겨준 사람이 나였다.

시작이 좋으니 일사천리였다. 시어머니는 나를 딸처럼 여기며 속 깊은 이야기도 하고 다정하게 대해주셨다. 나 역시 터키의 엄마라 생각하고 애교도 부리고 투정도 부렸다. 뵙기 전에는 언어 때문에 고민이 많았지만, 툰츠 어머니가 프랑스어에 능숙하셔서 우리는 모녀처럼 불어로 신나게 수다를 떨었다. 툰츠는 그런 우리를 흐뭇하게 바라보았다.

시어머니와는 지금까지 고부 갈등이 한 번도 없었다. 툰츠의 가족도 우리 가족처럼 예술가가 많다. 시어머니는 터키의 국민 가수로 칭송받은 오페라 성악가이다. 파바로티와 함께 노래를 부른 적도 있다. 툰츠의 남동생은 비올라 연주자이다. 시어머니는 다른 나라에서 온 예술가 며느리를 깊이 이해해주시고 너그럽게 포용해주셨다.

내 심장의 반쪽

▲▽▲▽▲▽▲▽▲▽▲▽▲▽

1990년대만 해도 한국 사회는 지금보다는 보수적이었고, 외국인과 결혼하는 한국인은 매우 드물었다. 부모님께 툰츠와의 연애 사실을 말씀드렸을 때 반대하지는 않으셨지만, 내 입에서 결혼 이야기가 나오기 시작하자 완강하게 반대하셨다. 나에 대한 애정, 내 발레에 대한 욕심, 외국인 남편과의 부부 생활에 대한 걱정이 뒤섞여 반대가 심하셨다. 태어나서 처음으로 부모님과 다투는 일이 계속되었다.

툰츠와 행복한 연애를 하고 툰츠 가족에게 환대와 사랑을 받을수록 툰츠에게 미안한 감정이 쌓였다. 툰츠는 미안해하는 나를 다독이며 조급해하지 말고 부모님의 마음을 풀어드리자고 했다.

그렇게 7년이 지나고, 연애 13년 차에 툰츠와 나는 며칠 동안 한국 부모님 댁에서 지냈다. 그날따라 툰츠를 대하는 부모님의 태도가 이전과는 달리 좀 호의적이라는 느낌을 받았는데, 독일에 돌아와 잘 도착했다는 안부를 전하기 위해 전화를 걸었더니 부모님께서 짧게 한마디를 하셨다.

"툰츠 그 친구 심성이 굉장히 착하더라. 수진이 너를 끔찍하게 아끼는 것도 같고."

그 말 한마디에 모든 것이 담겨 있었다. 일관되게 바른 품성으로 나를 아끼고 위하는 모습이 부모님의 마음을 움직인 것이다. 공연을 위해 다시 한국에 방문했을 때, 어머니가 수수한 금반지 커플링을 주시며 말씀하셨다.

"약혼이라고 생각해라."

긴긴 반대 끝에 부모님은 약혼식 커플링을 선물로 주셨다. 부모님이 우리 두 사람의 사랑을 가슴으로 받아들이셨다는 진심 어린 마음의 표현이었다. 그간 나를 믿고 기다려준 툰츠에게 이루 말할 수 없이 고마웠다.

우리는 2002년에 1월 1일에 결혼했다. 발레단에서 선후배로 만난 지 15년, 연인이 된 지 13년 만에 이룬 사랑의 결실이었다. 아침 9시에 시청에 가서 15유로를 내고 부부가 됨을 선언했다. 결혼식은 5분 만에 끝났다. 신혼여행은 생략했고, 그날도 매일 하는 연습을 거르지 않기 위해 극장에 가서 트레이닝을 했다. 저녁에 친한 친구 10여 명과 식사하며, 우리만의 소박한 결혼식을 치렀다.

"툰츠 씨에게 사랑은 무엇입니까?"

한국의 한 기자가 툰츠에게 물었다. 툰츠는 피식 웃으며 이렇게 대답했다.

"한국말을 하나도 못 알아듣는데, 3시간 동안 옆에 앉아 있어주는 거!"

이것이 부모님의 오랜 반대에도 지치지 않고 내 곁을 지켜준 '툰츠식 사랑'이다. 툰츠는 오른쪽 팔뚝에 '수진'이라는 두 글자를 새겼다. 언제나 몸과 마음을 나와 함께하기 위함이다. 우리에게 가장 중요한 것은 늘 함께하는 것이다. 우리는 어떤 선택을 하든, 어디에 있든 언제나 함께한다. 기쁨과 즐거움이 넘쳐흐르는 시간에도, 몸과 마음이 고통 속을 헤매는 순간에도 우리는 함께다. 25년의 시간 속을 걸어오며 우리의 사랑은 더 견고해졌다.

∨∧∨∧∨∧∨∧∨∧∨∧∨∧∨∧∨∧∨∧

나는 결혼에 대해 이렇게 정의 내리고 싶다.
'It is a Two-Player game.'
더 이상 혼자 하는 게임이 아닌
끊임없이 'How to Play'에 대해 서로 의논하는 것.

∨∧∨∧∨∧∨∧∨∧∨∧∨∧∨∧∨∧∨∧

2

고통마저 함께 앓는 사랑을 하다

툰츠는 남편으로서 더할 나위 없이 사랑스럽고 다정한 사람이지만, 춤에 대해서만큼은 세상 누구보다 엄격하다. 1996년에 발레리노의 고질병인 디스크로 현역 은퇴한 그는, 잠시 발레계를 떠나 터키 여행사를 차렸다가 2년 만에 그만두고 돌아왔다. 이후 발레 지도자 과정을 이수하여 슈투트가르트 옆 도시인 만하임의 만하임발레단 등에서 발레마스터로 활동했다.

　발레마스터로서 그는 재능이 없거나 가르쳐도 제대로 해내지 못하는 무용수는 아예 가르치지 않을 정도로 엄격했다. 잘 안 되는 동작이 있으면 될 때까지 계속 시키기 때문에 많은 사람이 툰츠 앞에서 울고 마는데, 툰츠는 울건 말건 상관 않고 계속시키는 사람이었다.

사랑하는 연인인 나 역시 예외가 아니었다. 툰츠가 시키는 동작은 힘들어서 울음이 나와도 끝까지 해내야 했다. 독하기로 소문난 나도 "힘들어서 그만하고 싶다"라는 말을 수없이 되풀이했다. 툰츠가 잠시 발레를 하지 않을 때 더 좋았다는 우스갯소리를 할 정도로, 발레에 대해서는 완벽주의자에 가까웠다.

보석을 만드는 발레마스터

▲▽▲▽▲▽▲▽▲▽▲▽

툰츠와 연인이 된 지 5~6년 사이 내 실력은 일취월장했다. 내가 얼마나 발레를 사랑하는지 잘 알기에, 툰츠는 나를 위한 특별한 발레 수업을 해주었다. 나의 실력에 대한 애정과 관심이 듬뿍 담겨 있었지만 연습이 너무나 고되고 힘들어서, 다른 발레리나들은 엄두도 내지 못했다. 이해심과 배려심이 바다같이 깊고 자상하고 세심한 그는, 연습실에만 서면 자비심이라고는 조금도 없고 매사에 그냥 넘어가는 법이 없는 냉정하고 혹독한 지도자로 변했다.

툰츠에게 나는 가르치는 재미가 있는 발레리나였다. 툰츠는 내가

툰츠와 함께한 〈러브송Love songs〉 공연 장면.
발레단 시절, 툰츠가 은퇴하기 전까지 많은 무대에 함께 섰지만
단둘이 파트너로 무대에 선 적은 단 한 번뿐이다.
연기를 해야 하는데 자꾸 웃음이 나와서 툰츠에게 무척 혼이 났던 기억이 난다.
이 작품은 윌리엄 포사이스의 작품이다.

▲▲▲▲▲▲▲

발레에 특출한 재능이 있다고 생각해, 위대한 발레리나가 되기 위한 모든 훈련을 시켰다. 툰츠는 열 번 말해도 못 알아듣는 사람이 많은데, 나는 한 번 말해도 잘 이해하고 흡수해낸다고 좋아했다. 나 역시 연습벌레 기질을 발휘해, 툰츠가 가르쳐주는 것을 완전히 내 것으로 만들어내기 위해 노력했다. 잘 다듬어지지 않은 보석이었던 나를 툰츠가 빛내준 것이다.

한 인터뷰에서 툰츠에게 강수진의 매니저로서 가장 중요하게 생각하는 것이 무엇이냐고 물었다. 그는 한 치의 망설임도 없이 '강수진의 건강'이라고 대답했다. 고통을 친구처럼 여기며 사는 나이기에 툰츠는 내가 고통을 숨기면 재빨리 알아채고 낫게 해주는 것을 자신의 의무라고 여긴다.

1999년에 정강이뼈 부상으로 1년 동안 발레를 쉬었을 때, 내 곁을 지키며 다시 일어설 수 있을 거라고 용기를 준 사람은 남편뿐이었다. 툰츠는 의기소침해 있는 나를 변함없는 사랑으로 보살펴주었다. 너무 힘이 들다가도 툰츠가 손 한 번 잡아주면 그걸로 숨 한 번을 쉬었다.

부상으로 은퇴한 툰츠였기에, 내가 겪는 신체의 고통을 누구보다 잘 이해했다. 툰츠는 나의 남편, 친구, 요리사, 심리 치료사, 트레이너가 되어주었다. 뼈에 좋은 음식을 만들어주고, 나를 위해 마사지, 재활의학, 침술까지 직접 배울 정도였다. 툰츠 역시 발레리노 시절 몸이 거의 마비가 된 상태에서 침을 배워 스스로 극복한 적도 있는데, 그 경험을 바탕으로 내게 정말 큰 도움을 주었다.

모두가 발레리나로서 강수진의 인생이 끝났다고 여겼을 때, 다시 시작하려는 내 의지를 믿고 버텨준 사람은 툰츠였다. 부상으로 인한 휴식이 길어지자 단련되었던 근육이 모두 풀어져 발레를 위한 근육이 하나도 남아 있지 않았는데, 툰츠는 '강수진의 회복을 위한 맞춤형 운동과 스트레칭'을 개발해 3개월간 꾸준한 스트레칭과 요가로 몸을 만들어주었다. 그 덕분에 2001년에 〈로미오와 줄리엣〉 공연에서 줄리엣으로 화려하게 재기하는 데 성공했다.

아침에 집에서 스트레칭과 개인 연습을 할 때 이따금 누가 쳐다보는 것 같아 뒤돌아보면 어김없이 강아지들과 함께 산책을 마치고 돌아온 툰츠가 멀리서 물끄러미 나를 지켜보고 있었다. 툰츠는 단 한 번도 내 훈련 시간을 방해하지 않았다. 아침 훈련은 하루쯤은 쉬고 싶은 나 자신과 싸우며 수행자처럼 고집스럽게 지켜가는, 나만의 시간이라는 것을 잘 알기 때문이었다. 툰츠는 아침 훈련이 다 끝나고 나서야, 단원의 역량을 향상시키고 관리하는 발레마스터의 시선으로 보완하면 좋을 것들을 조언해주곤 했다.

그만의 특별한 사랑 방식

▲▽▲▽▲▽▲▽▲▽▲▽

내가 발레에 온전히 집중할 수 있도록, 툰츠는 내 건강뿐 아니라 다른 모든 일을 알아서 해결해준다. 타국 생활로 외롭던 나에게 툰츠는 사막에서 만난 오아시스 같은 존재였다. 하루 일과가 끝나면 몸과 마음이 녹초가 되지만, 툰츠의 곁에서 나는 자상한 보살핌을 받으며 비로소 휴식한다. 툰츠는 내가 사랑받고 있는 사람임을 매일매일 느끼게 해준다. 툰츠와의 안정된 사랑으로 발레에만 집중할 수 있었기에 내 발레는 매일 더 성장했다.

우리 부부는 생일이나 기념일을 따로 챙기지 않는다. 대신 툰츠는 나의 모든 날을 기념일로 만들어주었다. 수시로 꽃과 선물을 주고, 재미있는 이벤트와 소박하지만 유쾌한 파티를 열어주었다. 물론 우리가 늘 경제적으로 넉넉한 것은 아니었다. 독일에서는 12월에 1년 치 세금을 내야 하는데, 그것이 한 달 월급만큼 많다. 12월에 세금을 내고 나면 1월은 수중에 돈이 없어서 식재료를 살 수 없을 만큼 보릿고개였다. 그럴 때도 돈이 없다고 서로를 탓하며 원망한 적은 단 한 번도 없다. 식재료가 없으면 양파만 넣고 스파게티를 해먹으며 행복해했다. 서로 몸이 아파 고통스러워하는 것에 비하면 그 정도 고비는 유쾌하게 웃어넘길 수 있다. 수중에 20만 원이 생겼다고 부자라며 시시덕거리던 우리다.

한 방송국에서 우리 부부의 사는 모습을 취재한 적이 있었다. 그때 리포터가 나와 함께 주방으로 들어섰는데, 거실에 있던 툰츠가 소리를 쳤다.

"거기는 내 방인데 왜 허락도 없이 들어가는 거야!"

연습을 마치고 집으로 돌아가는 길 툰츠와 함께.
여유로운 산책은 숲과 바람의 도시 슈투트가르트에서 누릴 수 있는 특권이다.

▲▲▲▲▲▲▲

농담으로 던진 말이지만, 반쯤은 사실이다. 우리 집에서 주방은 툰츠의 가장 소중한 작업실이다. 툰츠는 매일 그곳에서 내가 좋아할 음식을 만들기 위해 연구에 연구를 거듭한다. 가끔 음식 만드는 것을 도와주고 싶어 주방에 들어가면, 툰츠는 이렇게 외친다.

"당장 나가!"

당연히 진심으로 화내는 것은 아니다. 나를 빨리 주방에서 내보내려고 하는 말이다. 자신도 발레를 했으니 내가 얼마나 힘든지 잘 알기에 식사만큼은 제대로 챙겨주고 싶은 애정으로 하는 말이다. 토마토소스와 치즈가 듬뿍 든 스파게티부터 한국 전통의 맛이 구수하게 살아 있는 김치찌개까지, 툰츠는 그날그날 내가 먹고 싶은 음식을 족집게처럼 알아맞혀 먹음직스럽게 만든다. 한두 잔의 와인과 함께 저녁 식사를 하는데, 우리 부부에게는 매일 저녁이 기념일이다. 매일매일 맛있게 먹으며 서로의 하루를 축복한다.

선물도 마찬가지다. 나는 원래 쇼핑에 서투른데, 더 서툴러진 것은 남편 때문이다. 툰츠는 때가 되면 내게 필요한 것을 알아서 선물해준다. 남편이 골라온 옷들은 마치 내가 입어보고 산 것처럼 꼭 맞다. 연말마다 함께 쇼핑을 하는데, 남편은 내 옷을, 나는 남편 옷을 고르기에 바쁘다. 남편은 2분 만에 척척 내게 잘 어울리는 옷을 골라내는데, 나는 2시간이 걸려야 하나를 고를 정도로 쇼핑에는 영 소질이 없다.

나도 그에게 좋은 아내가 되기 위해 노력한다. 일주일에 한 번은 꼭 남편의 셔츠, 바지, 속옷, 양말까지 직접 다린다. 나에게 다림질은 애정의 표현이다. 바쁠 때는 도우미 아주머니가 도와주시기도 했지만, 대부분 우리 부부가 집안일을 직접 한다. 남편이 요리는 자신의 기쁨이라며 주방에 들어오지도 못하게 하니, 나는 시간이 될 때마다 구석구석 깨끗이 청소를 한다.

내가 자유롭게 발레에 매진할 수 있는 건, 나를 감싸는 남편의 울타리가 나보다 더 크기 때문이다. 누구나 툰츠 같은 남편이 있다면, 자신의 일에 열정을 다 쏟아 원하는 꿈을 이룰 수 있을 것이다. 만약 툰츠가 내가 매일 발레에 푹 빠져 가정에 소홀하다고 여겨 기분 나빠하고 소리를 지르는 사람이었다면, 내 결혼 생활은 불행했을뿐더러 발레에서도 좋은 성과를 내지 못했을 것이다.

사랑도 받아본 사람이 사랑할 수 있다는 말을 들은 적이 있다. 국립발레단의 예술감독이 되어 후배들을 대하니 발레리나 강수진을 보석처럼 빛나게 만든 그의 특별한 사랑이 더 깊은 의미로 다가온다. 다음 세대가 훗날 더 눈부시게 빛날 수 있기를 바라는 마음이 오히려 나를 더 행복하게 만든다는 것을 알게 되었다. 툰츠가 나를 바라보았던 그 벅찬 느낌. 이제 그게 무엇이었는지 가슴 깊이 알 수 있다.

3

사랑도 매일 커질 수 있다

우리 부부는 친구가 많지 않다. 발레를 하며 수많은 사람을 만나 협업하지만 부부의 사적인 영역은 철저하게 지키는 편이다. 그래서 집 밖에서 벌어진 일을 집안으로 끌어오는 일이 거의 없다. 무엇보다 서로가 쉼이 되어야 한다. 사랑해서 결혼하지만, 결혼은 사랑의 시작이기도 하다. 행복하게 부부 생활을 하려면, 공동의 노력이 필요하다. 게으르게 앉아서 행복을 얻을 수는 없다. 우리 부부가 매일 더 사랑하며 살아가는 여섯 가지 비결을 소개한다.

사랑에도 기술이 필요하다

▲∇▲∇▲∇▲∇▲∇▲∇

첫째, 우리 부부는 자기 자신을 엄청나게 사랑한다. 많은 사람이 사랑의 시작점을 '나보다 남을 더 사랑하는 것'에서 찾는데, 나는 반대로 생각한다. 누군가를 사랑하려면, 사랑받고 싶다면, 자기 자신부터 있는 그대로 사랑할 수 있어야 한다. 나도 툰츠도 자존심과 자존감은 세계 어디에 내놔도 뒤지지 않을 만큼 대단하다. 그렇지만 서로에게만큼은 기꺼이 자신을 낮추고 포기한다. 나보다 상대를 더 사랑해서가 아니라, 자기애와 자긍심이 크기 때문에 나를 낮출 수 있는 것이다. 상대방을 온전히 사랑하려면 나부터 온전하게 사랑해야 한다.

나는 50대이지만 여자로서 아름답기 위해 노력한다. 부부가 오랜 시간을 함께하다 보면 서로를 편하게 여기게 되는데, 그게 지나쳐 부부로서의 건강한 긴장감을 해치는 때가 많다. 20분이면 외출 준비를 마칠 수 있도록 기초화장만 하지만, 내 곁에 오면 자연스럽게 좋은 기분이 들도록 은은한 향이 나는 가벼운 향수는 꼭 사용한다.

둘째, 우리 부부는 상대방을 완전한 성인으로 대한다. 많은 남녀가 부부가 되면 가족, 가장, 남편, 아내 등으로 서로를 인식할 뿐, 이성과 신념을 가진 한 사람의 완전한 인격체로 대하지 않는 경향이 있다. 한 사람을 어떤 역할로 규정하면 자아가 살아 숨 쉴 여지가 줄어든다. 처음 얼마간은 사랑이라는 이름으로 이해할 수 있지만, 역할에 자아가 억눌리는 것은 좋지 않다. 아무리 가족이라도 상대방을 인격체로 인정하고 존중해야 한다.

셋째, 우리 부부는 있는 그대로의 모습을 인정하고 존중한다. 나는 사람이 타고난 성격은 쉽게 바뀌지 않는다고 생각한다. 상황에 따라 조금씩 바뀔 수는 있지만, 본바탕은 바뀌지 않는다. 인생의 3분의 2를 독일에서 보냈지만, 성격은 예나 지금이나 강수진 성격이다. 남편 역시 개성이 강하다. 이런 우리가 다툼 없이 살아가는 것은, 서로를 바꾸려고 하지 않기 때문이다. 서로의 성격에서 고칠 점을 찾기보다, 좋은 점을 받아들이고, 단점을 보완하려 노력한다. 서로의 기울어진 면을 지탱해주고, 흠이 있는 면을 가려준다.

넷째, 우리 부부는 각자의 삶을 인정한다. 부부는 결합된 삶인 만큼 각자의 삶에 대한 배려가 필요하다. 특히 예술가들은 예민해서 나만의 시간과 공간이 절대적으로 필요하다. 우리는 각방을 쓴 적도 없고 물리적으로는 항상 붙어 있다. 하지만 그 안에서 각자의 시간과 영역은 침범하지 않는다. 늘 붙어 있지만 자기만의 시간은 충분히 갖고 산다.

다섯째, 우리는 대화를 많이 한다. 우리는 부부 싸움을 거의 하지 않는다. 24시간 있었던 일을 모두 이야기하기 때문에, 쌓였다가 터질 만한 것이 아예 없다. 남들이 보면 '도대체 저 부부는 무슨 할 이야기가 저렇게 많을까?'라고 의아해할 정도로 대화를 많이 한다.

나는 안 좋은 일이 있어도 다른 사람이 걱정할까 봐 말하지 않고 혼자 끙끙대는 타입이었다. 툰츠는 이런 내 스타일을 완전하게 파악하고 내 말문을 열었다. 생각을 잘 표현하지 않는 내가 말하도록 대화를 이끌어 나갔다. 말하지 않고 쌓아둔 이야기가 많았기에, 속마음을 터놓기 시작하면서 울기도 많이 했다. 지금은 땅에 기어가는 개미 한 마리를 보고서도 온종일 이야기를 나눌 수 있을 정도로 대화를 많이 한다. 그는 발레와 관련한 예술 분야뿐 아니라 철학, 과학, 시사 등 주제를 가리지 않고 상식이 풍부하고 자기 철학이 분명하다. 그래서 어떤 주제로든 대화가 끊이지 않고, 나 역시 그로부터 배우는 것이 많다. 해외 공연으로 어쩔 수 없이 떨어져 있을 때는 전화료가 아주 많이 나오기도 한다. 전화료가 부담되어도, 하루의 일상을 나누는 소중한 시간을 놓치고 싶지 않다.

툰츠와 나는 서로에게만큼은 완벽하게 솔직하다. 어떤 비밀도 금기도 없다. 부모, 형제, 친구에게 말할 수 없는 이야기도 서로에게만큼은 터놓고 이야기한다. 속 시원히 이야기할 곳이 없어서 심리상담가를 찾는 사람도 있지만, 우리는 서로에게 완전한 심리상담가가 되어준다. 나의 맨얼굴을 있는 그대로 드러내고, 그의 맨얼굴을 있는 그대로 받아들인다.

여섯째, 우리 부부는 서로 더 주고 싶어한다. 모든 관계가 마찬가지지만, 부부 관계도 이기적인 행동이 싸움을 만든다. 한쪽만 일방적으로 주는 관계로는 먼 길을 함께 갈 수 없다. 한쪽이 무조건 받기만 하면, 주는 쪽이 지치게 마련이다. 내가 더 주고자 하는 마음을 서로 가져야 부부 생활을 오래 단단하게 해나갈 수 있다.

남편과 나는 7살 차이가 난다. 삶의 모든 경험을 남편이 나보다 7년 먼저 한 셈이다. 인생을 먼저 산 선배로서 남편은 내가 걸어가는 모든 단계의 마음을 이해하고 포용해주었다. 나는 나이가 들면서, 툰츠가 이런 감정을 겪었구나, 나를 이렇게 배려해주었구나 하고 뒤늦게 남편을 이해하게 된다. 내 마음을 통해 과거의 그를 들여다볼 때마다 한없이 고마워진다.

어디에 있든, 당신과 함께라면

▲▽▲▽▲▽▲▽▲▽▲▽▲▽

독일 슈투트가르트에서 1996년부터 20년 가까이 산 집은, 작은 마당에 햇살이 환하게 쏟아져 들어오는 아파트였다. 아담한 부엌과 거실, 방 3개로 이뤄진 실용적인, 유럽 소도시의 여느 가정집과 다름이 없었다. 다만 무용수의 집답게 작은 연습실과 사우나를 갖췄다는 것이 특징이었다. 발레단에서 10분 거리, 16년간 키운 고양이 술탄과 미니퍼그 킹콩과 캔디가 늘 반겨주던 그 집은 우리 부부의 가장 소중한 안식처였다.

2007년부터 3년간 차로 20분 거리의 교외로 이사를 간 적도 있는

데, 그때는 우리 부부에게 약간의 변화가 필요한 시점이었다. 도심에서 벗어나 자연과 함께하며 마음의 여유를 되찾고 싶어 과감하게 이사를 결정했다. 작은 앞마당이 있고 시내의 집보다 훨씬 큰 집이었는데, 예전에 방송에서 공개된 집이 바로 그 집이었다. 3년이 지나 다시 우리의 스위트홈으로 돌아와 한국으로 돌아오기 전까지 살았다.

2013년 가을, 여전히 현역 발레리나로서 활발한 활동을 하고 있었지만, 한국 무용계에 어떤 방식으로든 기여하고 싶다는 생각이 조금씩 짙어지고 있었다. 사랑하는 남편과 강아지 두 마리, 만족스러운 커리어와 함께했지만 그럼에도 나는 종종 한국말이 듣고 싶어서 드라마를 보고, 가족과 통화를 하며 가슴 깊이 숨어 있는 한국을 향한 그리움과 마주하곤 했다. 몇 년에 한 번씩 내한 공연을 가질 때면 한국 발레 팬들에게 꼭 보답하겠다는 다짐을 하고 돌아왔었다.

한국 국립발레단 단장직을 제안 받았을 때, 이때가 아니면 한국에 돌아가지 않을 것 같다는 생각이 들었다. 독일에서의 생활은 충분히 안정적이어서 이렇게 계기를 만들어서라도 한국에 돌아가지 않으면 다신 돌아가기 어려울 듯했다.

한국행은 일사천리로 이뤄졌다. 사실 거의 맨몸으로 한국행 비행기를 탔다. 2014년 2월 3일 첫 출근을 앞뒀는데, 독일에서의 시즌 마지막 공연이 1월 30일에 있었다. 공연이 끝나자마자 우리 부부는 캐리어 하나씩을 챙겨 비행기를 탔다. 독일 집은커녕 짐도 다 그대로 놔둔 채였다. 서류 준비도 쉽지 않았다. 하지만 그중에서도 가장 힘들고 가슴 아픈 일은 자식처럼 키웠던 반려견인 킹콩과 캔디를 데려오지 못한 일이었다.

한국에 데려오기에는 너무 약한 상태이기도 했고, 까다로운 검역 절차를 밟을 시간이 턱없이 부족했다. 더군다나 아직까지 한국에서의 거취가 불안정하고, 둘 다 발레단에 출근하면 돌봐줄 수 있는 사람이 아무도 없었기에 두 마리를 데려가는 것은 불가능에 가까웠다. 독일에서는 반려견에도 세금을 낼 정도로 철저하게 반려견을 관리하기 때문에 입양 절차도 무척 복잡하고, 한국에서만큼 일처리가 빠르지도 않다. 두 마리를 한 가정으로 보내는 일도 쉽지 않은데 10년 넘게 함께해온 킹콩과 캔디가 헤어지지 않게 하려고 툰츠가 매우 애를 썼다. 입양이 되고 나면 다시는 만날 수 없기 때문에 너무나 마음이 아팠지만, 툰츠와 나는 오로지 킹콩과 캔디를 좋은 가정으로 입양시키는 일에 남은 시간을 다 보냈다.

열 시간이 넘는 비행을 마치고 한국 땅에 도착했을 때는 이미 저녁 시간이 한참 지나 있었다. 우리 부부는 숙소 앞 편의점에서 샌드위치와 삼각김밥을 사먹었다. 그 식단이 무려 3개월이나 이어질 줄, 그때는 알지 못했다. 나는 고국에 돌아온 것이었지만, 툰츠는 16살의 나처럼 홀로 유학 생활을 시작하는 것과 다름없었다. 게다가 나는 발레단장이라는 입지를 만들어나갈 테지만, 독일에서 능력을 인정받았던 툰츠는 언

어도 통하지 않는 한국에서 모든 걸 다시 시작해야 한다. 국립발레단의 게스트 발레마스터로 함께 활동하긴 하지만, 거의 무급으로 활동하는 일이기 때문에 말 그대로 나와 함께하기 위한 엄청난 희생을 한 것이다. 나 역시 바뀐 환경에 적응할 새도 없이 발레단 전체를 이끄는 사람으로서 역할에 충실해야 한다. 시차 적응도 채 하지 못한 우리 부부는 뜬눈으로 밤을 지새우며 동이 트기를 기다렸다.

첫 출근 날, 발레단 사람들의 뜨거운 환영 인사를 받으며 단장으로서의 첫 업무를 시작했다. 직원들 한 명 한 명과 인사를 나누며 여태까지의 발레단 업무 현황을 파악하는 일이었다. 책상 위에 쌓인 서류 뭉치들이 무척 낯설었다. 시차 적응을 하듯 하나하나 일을 배워나가야 했다.

단장으로서 일과는 호락호락하지 않았다. 오후 6시에 퇴근하는 날은 드물었고 리허설이라도 있는 날이면 식당이 모두 문을 닫는 밤 11시, 12시가 되어서야 집에 돌아왔다. 늘 건강한 음식을 만들어 먹길 즐겼던 우리 부부는 한국에 돌아와 편의점 삼각김밥을 면하지 못했다. 새로운 환경, 문화, 음식에 제대로 적응하지 못한 툰츠는 계속 살이 빠졌고, 나 역시 건강이 좋질 못했다. 하지만 이전에도 그랬듯 서로를 버팀목 삼아 잘 버텨냈다. 이전보다 더 꼭 붙어 다니며 서로를 의지했다. 이전에는 툰츠가 나를 지켜줬다면, 이제 내가 툰츠를 지켜줘야 한다고 생각했다. 특별한 이벤트나 뻔한 응원의 말보다 곁에 있어주는 것. 그것이 서로에게 가장 큰 힘이 된다는 걸 우리 부부는 안다.

예술감독실 한켠에 놓인 부부 사진. 발레단 단원이었던 김윤식 씨가 찍어주었다.

▲▲▲▲▲▲▲

2년이 지난 지금, 툰츠는 한국에 완벽하게 적응했다. 툰츠는 점심시간에 발레단 직원들과 함께 나가 김치찌개나 주꾸미볶음을 먹고 들어와 "별로 맵지 않았어"라며 너스레를 떨기도 한다. 업무 때문에 잠시 자리를 비울 때면 가벼운 키스로 애정을 표현한다. 그리고 가끔 내가 어떤 일을 부탁하면 한국말로 "네, 단장님" 하며 농담을 하는데, 그게 그렇게 귀여울 수가 없다. 이렇게 우리는 어디서 어떻게 살든, 두 사람은 늘 함께할 것임을 매일 충실하게 증명하며 살아가고 있다.

6

당케 수진

함께
최고의 무대를
만들다

1

나를 최대치로 이끄는 파트너를 찾아라

돌이켜보면 인생의 반려자이자 베스트 파트너인 툰츠 말고도 나의 발레 인생에는 서로에게 헌신하며 함께 성공 스토리를 써온 잊지 못할 파트너들이 있었다. 나 혼자 높이 뛰어오르기보다 한 호흡으로 함께 뛰어오르며 최고의 공연을 만들기 위해 땀흘려준 고마운 사람들이다.

발레리노를 괴롭히는 강수진

▲▽|▲▽|▲▽|▲▽|▲▽|▲▽

남녀가 호흡 맞춰 춤추는 파드되를 할 때면 나는 수다쟁이가 된다.

"왼쪽보다는 오른쪽으로 도는 것이 네가 더 편하지 않아?"

"여기서는 날 좀 더 기다려줘."

남녀 무용수가 환상의 호흡을 맞추기 위해서는 많은 노력이 필요하다. 서로에 대한 이해와 배려심이 커야 한다. 자존심 강한 마초 스타일의 무용수가 있는가 하면, 감정선이 예민한 무용수도 있다. 환상의 궁합으로 무대에 오르기 위해 나는 파트너와 대화를 많이 했다. 발레 장면마다 서로의 감정과 춤이 완전히 하나가 될 때까지 대화했다.

나는 종일 발레 생각뿐이었다. 아무리 피곤해도 발레 생각만 하면 즐거웠다. 발레만큼은 완벽해지고 싶었기에 아주 작은 디테일도 꼼꼼하게 챙기고 연구했다.

그러다 보니 남자 무용수들 사이에서 나는 깐깐하기로 유명했다. 작은 것 하나 그냥 지나가지 않는 내 성격 때문에 연습실에 들어설 때부터 한숨을 쉬는 파트너도 있었다. 재미있는 것이 발레리노들은 나와 연습하는 것을 두려워하는 만큼 나와 함께 공연하고 싶어했다. 나와 공연하면 실력이 늘고 더 멋진 공연을 만들어낼 수 있다는 것을 경험으로 알기 때문이었다.

1993년의 일이다. 발레단 예술감독실에서 남자 울음소리가 들렸다. 궁금한 마음에 들여다보니, 입단 동기인 이반이 울고 있었다. 이반 카발라리 Ivan Cavallari 는 볼쇼이발레단에 입단해 5년간 활동하고 1986년에 슈투트가르트발레단으로 옮긴 실력파였다. 조각같이 잘생긴 외모와 카리스마 넘치는 춤으로 수많은 여성 팬을 객석으로 불러들이는 인기 발레리노였다.

그런 그가 감독님을 붙들고 눈물로 애원하는 이유는 내가 줄리엣으로 확정된 〈로미오와 줄리엣〉 공연에서 로미오가 되어 함께 춤추고 싶다는 욕심 때문이었다. 볼쇼이발레단과 슈투트가르트발레단에서 이미 여러 번 주인공을 맡은 그가 그토록 나와 함께 공연하고 싶어하는 것에 굉장히 놀랐다. 감독님은 로미오 역에 다른 남자 무용수를 염두에 두고 있었지만, 그의 진심이 통했는지 로미오 역은 이반에게 돌아갔다.

나와 이반은 환상적인 호흡으로 슈투트가르트 역사상 손꼽히는 〈로미오와 줄리엣〉 무대를 만들었다. 첫 공연에서 커튼콜은 20분이나 계속됐다. 이후 이반 카발라리는 발레리노를 은퇴하고 서호주발레단의 예술감독을 역임했고, 지금은 캐나다의 레그랑발레단에서 예술감독으로 활발히 활동하고 있다.

이반과의 감격스러운 재회는 그가 서호주발레단에서 예술감독으로 일하던 2010년에 이뤄졌다. 한국에서 강수진 발레의 모든 것을 선보인 갈라쇼 〈더 발레 The Ballet〉 공연에서 만난 것이다. 나는 기획 단계부터 직접 참여해 신중하게 무대에 올릴 작품들을 선정했고, 작품마다 함께 할 무용수를 초청했다. 나의 첫째가는 조력자이자 17년 전 눈물로 나의 로미오가 되어준, 영원한 줄리엣의 남자 이반을 제일 먼저 초청했음은 물론이다.

"오랫동안 춤을 안 췄지만 이번이 아니면 강수진과 함께 무대에 설 수 없을 거야."

그는 이렇게 말하며 바쁜 스케줄 와중에도 한걸음에 달려와 무대를 빛내주었다. 또 그는 이후에 이런 말을 했다. "그녀는 파트너를 잡아끈다. 자신이 정말로 줄리엣이 된 듯 그 역할에 빠져들기 때문에 나도 진짜 로미오가 된 것 같다. 수진 말고는 그 누구도 내게 그런 느낌을 가지게 한 무용수가 없었다. 그러니 누군들 수진과 함께 춤추길 원하지 않겠나?"

탁월한 파트너십과 믿음으로 이어온 깊은 우정 덕분이었는지 그날 무대의 로미오와 줄리엣은 누구보다도 성숙하고 아름다운 연인처럼 느껴졌다. 나중에 들으니 이 무대는 한국 팬들 사이에서도 꽤 화제가 되었다고 한다. 17년 만에 다시 만난 우리의 공연에 엄청난 관심과 애정을 보내준 것이다.

Best가 되어야 Best를 만난다

▲▽▲▽▲▽▲▽▲▽▲▽

발레단에서 무용수들은 수많은 파트너와 함께 일한다. 아무리 최고의 발레리나 최고의 발레리노가 모여도 이들 사이에 최고의 파트너십이 없다면 좋은 무대를 만들기는 어렵다. 그래서 파트너를 오케이^{OK} 파트너와 베스트^{Best} 파트너로 나누게 된다.

발레단이 어느 한 작품을 올릴 때 오디션 등 다양한 의사 결정 과정을 통해 파트너를 결정한다. 오케이 파트너는 발레단의 결정에 따라 파트너 관계를 맺고 일하는 것일 뿐 그 이상도 이하도 아닌 관계를 말한다. 이들은 자신을 얼마나 더 돋보이게 할 수 있을지 그것에만 신경쓸 뿐, 어떻게 하면 '캐미' 즉 둘이 함께 시너지를 내서 전체 공연을 멋지게 성공시킬지는 상관하지 않는 경우가 많다.

발레에서는 남자 무용수가 여자 무용수를 들어 올리고 받쳐주는 동작이 굉장히 많다. 그래서 여자 무용수들 가운데 남자 무용수를 그저 자신을 무대에서 돋보이게 그만인 존재로 착각하는 경우도 있다. 남자 무용수가 온 힘을 다해 흔들림 없이 자신을 들어 올려야만 자신의 동작도 돋보일 수 있는데, 고마워하는 마음이 없다. 한편 남자 무용수도 자신이 왜 이 일을 해야 하는지 모르겠다는 무심한 표정을 드러내는 사람도 있다. 이런 무용수와 함께 일하면 연습하는 내내 힘이 빠지고

좋은 무대를 선보이기도 어렵다.

　나는 운 좋게도 그런 파트너들과 작업을 할 수 있었다. 은퇴 공연 〈오네긴〉에서 오네긴 역할을 맡은 제이슨 라일리 Jason Reilly 는 수많은 작품을 함께하며 100% 이상 믿게 된 파트너이고, 2000년도에 입단한 나의 새까만 후배이지만 2007년 〈카멜리아 레이디〉에서 처음 호흡을 맞춘 이래 놀라운 조화를 보여준 마레인 라데마케르 Marijin Rademaker 는 음악성과 호흡에서 나와 가장 잘 맞는 무용수였다. 2002년 내한하여 〈카멜리아 레이디〉를 선보인 로버트 튜슬리 Robert Tewsley 는 파트너인 나를 두고 "수진 스스로 많은 것을 하고 있기 때문에 내 존재가 거의 무의미할 정도다. 정열적으로 몰입해서 나 또한 내가 누구이고 어디에 있는지 완전히 잊게 된다"고 말했지만, 극에 온전히 몰입하는 그가 없었다면 나도 그렇게 빠져들지 못했을 것이다.

　2008년이었다. 나는 왼발 뼈가 완전히 부러지는 부상을 입고 철심을 박는 대수술을 해 오른쪽 다리만 겨우 사용할 수 있었다. 수술 후 부기가 빠지지 않아 토슈즈도 제대로 신기 어렵고 고열이 나는 상태로 무대에 서야 했다. 한쪽 다리가 아프면 다른 한쪽 다리를 사용해서 어느 정도 스텝을 커버할 수 있지만, 어지럼증이 있으면 중심 잡기가 힘들어져 모든 동작이 엉망이 된다. 가뜩이나 한쪽 다리를 사용할 수 없는데, 고열로 중심도 제대로 못 잡으니 당시 파트너였던 롤랑 보겔 Roland Vogel 에게는 곤욕도 그런 곤욕이 없었을 것이다.

제이슨 라일리와 함께 공연한 〈전설 Legende〉.
그는 2016년 은퇴 공연인 〈오네긴〉에서도 함께했다.

▲▲▲▲▲▲▲

당시 내 파트너가 오케이 파트너였다면 "컨디션이 안 좋은 강수진과 공연을 못 하겠습니다. 파트너를 바꿔주십시오."라고 하면 그만이었다. 하지만 그는 베스트 파트너였다. 내 발이 땅에 닿지 않도록 온갖 기교로 나를 공중에 들고 다녔다. 평소 연습 때는 땀을 잘 흘리지 않는 그가 땀을 비 오듯 흘렸고 숨소리도 거칠었다. 중심을 잘 못 잡는 내 사정을 고려해 온갖 동작으로 나를 받쳐주었다. 최선을 다해 내 모자란 부분을 채워주었다. 나의 컨디션 난조에도 불구하고 우리는 환상적인 무대를 선보였다.

　　나 역시 파트너의 허리가 안 좋은 날에는 나를 들어 올렸을 때 조금이라도 가볍게 느끼도록 자세를 바꾸려고 애쓴다. 발레 무용수에게 부상은 일상이다. 부상까지도 함께 이겨나가는 굳건한 파트너십은 서로에게서 최고의 것을 끄집어내주고, 합을 맞추기 위해 긴긴 시간 함께 땀 흘리는 태도와 노력에서 나온다.

　　발레와 인생은 공통점이 많다. 발레도 인생도 절대로 혼자서는 해나갈 수 없다. 혼자 사는 세상이라면 북을 치든 장구를 치든 혼자 알아서 하고, 그에 대한 책임만 깨끗하게 지면 된다. 하지만 인간은 태어나는 그 순간부터 타인의 도움이 필요한 존재다.

　　누구나 최고의 파트너를 만나고 싶어한다. 내가 남에게 베스트 파트너가 되면, 베스트 파트너를 만날 확률이 높아진다. 주위를 살펴보라. 만일 베스트 파트너가 눈에 잘 띄지 않는다면, 내가 다른 사람에게 베스트 파트너가 되어줄 준비가 되었는지 고민해볼 필요가 있다. 내가 더 받고자 하면 좋은 파트너를 만나기 힘들다. 상대를 먼저 배려하고 존중할 때 좋은 파트너를 만날 수 있다. 나는 다른 사람에게 베스트 파트너가 되고 싶고, 나 역시 베스트 파트너와 일하고 싶다.

〈카멜리아 레이디〉의 한 장면.
코르티잔인 마르그리트 고티에와 명문가 청년 아르망의 비극적인 사랑 이야기를 담았다.
각각 로버트 튜슬리와 마레인 라데마케르가 파트너로 함께했다.

▲▲▲▲▲▲▲

혼자 오르는 무대는 없다

나는 발레단의 막내 발레리나로 시작해 한국 나이 50세에 발레단 최고령 무용수로 은퇴했다. 군무, 솔리스트, 수석무용수의 단계를 다 거쳐 봤기 때문에 전 단계에 있는 무용수들의 마음을 잘 이해할 수 있다. 한국 국립발레단의 단장이 된 지금 그 점이 무척 큰 힘이 된다. 내 후배들이 단계마다 어떤 어려움이 있고 그 상황에서 어떤 마음일지 공감할 수 있기 때문이다.

발레리나가 아닌, 예술감독으로 첫 출근

▲▼▲▼▲▼▲▼▲▼▲▼▲▼

한국을 대표하는 발레단인 국립발레단의 사무실은 예술의전당 오페라 극장 건물 4층에 자리하고 있다. 예술의전당 입구부터 멋지게 꾸며진 지하상가를 지나 지상으로 올라가면 야트막한 우면산을 배경으로 약간 낡았지만 멋스러운 현대 건축물들이 한눈에 들어온다. 국내외 최고의 예술가들이 이곳 무대에 서고, 또 한국의 뛰어난 영재들이 이곳 무대에 오르기 위해 오늘도 땀 흘리고 있다. 엘리베이터를 타고 오페라 극장 4층으로 올라가면, 제일 안쪽에 국립발레단의 사무실이 보인다. 20명의 직원들이 일하는 사무실 한쪽에 예술감독실이 있다. 예술감독실이라고 하니 발레리나의 화려한 의상이나 사진, 사치스러운 꽃들을 상상할지 모르겠지만, 개인 책상 하나와 회의 책상 하나, 그리고 벽 한쪽을 가득 메운 1년 치 공연 일정표가 전부다.

국립발레단은 1962년 대한민국을 대표하는 직업 발레단으로 시작했다. 1980년대 공연 예술에 대한 국민의 관심이 높아지면서 창작 발레 공연이 하나씩 발표되기 시작했고, 1997년 이후 한국 발레를 해외에 알려나가기 시작했다. 나의 선배 발레리나들이자 선임인 임성남, 최태지 전 단장이 이곳 작은 사무실에서 발레 불모지와도 같았던 한국에 발레를 대중화하고 다양한 레퍼토리를 구축하는 노력을 이어왔다. 그

한국 국립발레단 사무실 가는 길.
지금까지 공연했던 작품의 포스터가 눈에 들어온다.

▲▲▲▲▲▲▲

6장 당케 수진 ▲▲▲▲▲ 함께 최고의 무대를 만들다

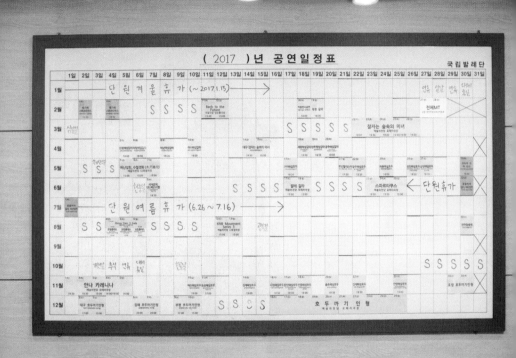

예술감독실 한쪽 벽에 거치된 올해의 공연 스케줄표.
빡빡한 공연 스케줄로 인해 1월과 7월의 휴가를 제외하곤 주말의 휴식이나
평일 밤잠도 허락되지 않는다.
무용수의 삶은 여유라는 단어와는 완전히 반대말인 것만 같다.

▲▲▲▲▲▲▲

리고 그 바통을 내가 이어받게 된 것이다.

첫 출근하는 날, 단장실에 도착했을 때 화려하진 않지만 따스한 느낌이 무척 마음에 들었다. 집에서도 단출한 차림을 즐기고, 짐을 쌓아놓고 사는 타입이 아닌 나는 꼭 필요한 것만 있는 그 공간이 참 나답다고 생각했다. 무엇보다 테라스에 쏟아지는 햇살이 추운 겨울날도 몸을 따끈하게 덥힐 정도로 따스해서 맘에 들었다.

출입문 옆, 내가 늘 앉는 회의 탁자의 맞은편에 툰츠와 나의 결혼사진을 프린트해서 붙여놓았다. 사진을 멋진 액자에 담은 것도 아니고, 그냥 컬러로 프린트해 붙여놓았다. 한국에 정착한 지 1년 뒤 고민 끝에 입양한 반려견인 써니 얼굴도 오려서 붙였다. 이들이 함께하는 곳이라면 어디든 나의 집이라 믿으면서.

단장실 책상 의자에 잠시 엉덩이 붙일 새도 없이 바쁜 일정이 시작되었다. 그렇게 나는 슈투트가르트발레단의 발레리나임과 동시에 한국 국립발레단의 예술감독이 되었다.

모두 다 나와 같을 수는 없다

▲▽▲▽▲▽▲▽▲▽▲▽▲▽

발레단에 속한 무용수 외에도 한 작품을 무대에 올리기까지 수많은 사람이 참여한다. 음악·의상·분장·무대디자인 스태프들이 완벽한 무대

오페라하우스에서의 클래스를 점검한 뒤 예술감독실로 돌아오자
제일 먼저 반기는 반려견 써니.

▲▲▲▲▲▲▲

를 만들기 위해 힘쓴다. 무용수의 건강을 관리하는 재활팀, 무용수의 기량을 높이는 발레마스터도 있다. 외부 무용단의 안무가를 초빙해 발레단 교육을 요청할 때도 있다. 좋은 공연은 무용수와 스태프가 한마음으로 팀을 이룰 때만 만들어진다.

이 모든 단계가 잘 이뤄지도록 이끌어 좋은 무대를 만드는 것이 현재 내가 국립발레단의 예술감독으로 하는 일이다. 한 해 동안 어떤 안무가의 어떤 작품을 무대에 올릴지, 그 무대에는 어떤 무용수가 가장 적합한지, 무용수의 기량을 더 성장시키기 위해서 어떤 훈련을 시킬 것인지, 그리고 그 무대예술은 누구와 어떤 방식으로 꾸며나가야 하는지…… 30년간 발레리나로서 내가 겪었던 모든 경험과 인맥을 총동원해야만 가능한 막중한 임무다.

그런데 그 막중한 임무 가운데서도 가장 어렵고 까다롭게 느껴지는 일이 단원들과의 소통이다. 물론 가장 이상적인 것은 한 가지 목표를 위해 한마음이 되어 함께 땀 흘리며 작업하는 것이지만, 여러 사람이 하는 일이기 때문에 다 내 마음 같을 수 없다. 단계마다 어려움이 있지만, 공통적인 불만을 예로 들자면 연습 스케줄이 있다. 한 시즌에도 여러 발레 작품을 무대에 올려야 하고, 무용수들의 연습 스케줄은 작품마다 다 다르다. 공연 일정에 맞춰 몸 상태를 만들어놓아야 해서 공연 스케줄을 미리 알고 싶은데, 너무 늦게 공지되거나 너무 자주 바뀌니 불만이 생긴다. 하루 3~4명이 부상을 입어 무용수가 교체되기도 하고, 전염병이 돌아 공연이 잠정 연기되기도 하고, 해외 현지에서 공연 일정이 바뀌기도 한다. 스케줄이 들쭉날쭉 바뀌면 직업 무용수는 몸과 마음이 지치고 예민해질 수밖에 없다.

그럴 때마다 내가 가장 낮은 자세로 임하며 구성원들에게 이 모든 상황을 설득하는 수밖에는 없다. 공연을 위해 행정 스태프들이 어떤 작업을 하는지 충분히 설명하고, 한 해의 일정에서 어떤 예상 변수가 있는지도 공유한다. 변동이 생겼을 때는 되도록 빠르고 정확하게 이야기해주려 노력한다. 발레단의 분위기가 악화되는 것은 사소한 정보를 제때 전달받지 못해서인 경우가 많다. 어물쩍 넘어가는 사소한 일이 늘 문제가 된다. 그래서 정보가 발레단 전체에 투명하고 빠르게 공유되는 시스템을 만들어가고 있다. 아주 사소한 움직임이지만 그것이 윤활유 역할을 해서 팀을 움직인다. 그렇게 팀워크가 조금씩 다져진다.

팀워크를 강화하는 데는 끈끈한 인간관계도 중요하다. 매일 아침 스튜디오에서 몸을 풀고 기초를 다지는 클래스를 함께하면서 단원들의 재능, 성실성, 근성, 성장을 지켜본다. 머릿속에 단원 전체가 있다. '오늘 연습 때 A 단원은 이런 실수, B 단원은 저런 실수를 했으니 내일은 그 부분을 다시 봐야겠다'고 작은 부분까지 챙겨 본다. 하루하루의 튼튼한 노력이 성장의 밑거름이기에, 하루분의 성장을 잘해나갈 수 있도록 돕는다.

무용수마다 특성을 파악해 필요한 순간에 적절한 마중물을 주어야 성장이 일어난다. 단원들이 자신도 몰랐던 개성을 끄집어낼 수 있도

록, 남과 다른 나만의 것을 탄생시킬 수 있도록 지도하려고 노력한다. 성장이 빠른 단원도 있고, 정체되어 있다가 급격히 성장하는 단원도 있다. 다정하게 가르쳐야 잘 받아들이는 단원이 있는가 하면, 스파르타식으로 엄격하게 훈련할 때 빠르게 성장하는 단원이 있다. 나를 훈련한 마리카 교장 선생님과 남편 툰츠는 스파르타 스타일의 교육자였고, 나에게는 딱 맞는 방식이었다. 내가 스파르타식으로 효과를 봤다고 해서 모두에게 효과적인 것은 아니다. 성격에 맞게 다 다른 방식으로 가르친다.

나는 슈투트가르트발레단에서 인생의 대부분을 보냈다. 그곳에서 새로운 것을 위해서는 전통은 물론이고 기본이 탄탄해야 한다는 것을 배웠다. 정직하고, 정확하고, 올곧은 것 말이다. 마리카 선생님이 나의 기초를 만들었다면, 남편은 프로페셔널 무용수는 어떻게 일해야 하는지 몸소 보여주었다. 슈투트가르트발레단의 전 예술감독인 마르시아 하이데는 무용수로서, 현 예술감독인 리드 앤더슨은 지도자로서 내게 많은 가르침을 주었다. 리허설 코치들도 마찬가지였고, 함께한 무용수들, 하다못해 행정 직원들까지 슈투트가르트발레단에서 30년을 활동하면서 어깨너머로 많은 것을 배웠다. 그건 돈을 주고도 살 수 없는 경험이었다. 물론 인생이 쉽지 않다는 것도 뼈저리게 배웠다. 하지만 동시에 그것은 내 손 안에 있고, 내가 만들어나갈 수 있는 것이기도 했다.

지금은 발레리나로 일할 때보다 더 많은 사람들을 만난다. 단장으로

마르시아 하이데 감독과 함께한 〈잠자는 숲속의 공주〉 연습 장면.

▲▲▲▲▲▲▲

서 관련된 행정 업무를 하는 이들은 물론이고 각계각층의 다양한 사람들과 만나 일을 하지만, 큰 난관에 부딪힌 경우는 거의 없었다. 나는 이 것이 슈투트가르트발레단에서 오랫동안 쌓은 경험 덕분이라고 믿는다.

그 모든 과정을 거친 뒤 이 자리에 서고 보니, 발레단 멤버들이 오늘 어떤 표정으로 잠에서 깼는지, 이 훈련이 얼마나 고된지, 마음에 어떤 고통이 있는지 한눈에 보인다. 사람 간에 문제가 생겨 힘들 때는 세상에서 내가 가장 힘든 것 같고, 한 걸음도 더 못 걸을 것처럼 막막하다는 것도 이제는 이해가 간다. 나 역시 암흑의 시간을 수십 번도 더 걸어왔기 때문이다. 내가 선배로서 해줄 수 있는 일은 힘든 마음에 지지 않고 한발 더 내디딜 수 있도록 그 곁을 지키는 것이다. 나의 선배들이 나를 위해 기꺼이 그렇게 해주었듯이 말이다.

두려운 무대가 성장을 부른다

2015년, 한국 국립발레단에서는 셰익스피어의 희극을 바탕으로 한 코미디 발레 〈말괄량이 길들이기〉를 무대에 올렸다. 이 작품을 올린 것은 국내 발레단 중 국립발레단이 최초였다. 〈말괄량이 길들이기〉는 중세 이탈리아를 배경으로 하는 두 자매 이야기이다. 천방지축 왈가닥인 언니 카타리나와 그녀를 길들이려는 페트루키오 간의 팽팽한 기 싸움이 펼쳐진다. 내숭의 여왕인 동생 비앙카와 그녀와 결혼하고 싶어 안 달난 동네 총각들 간의 소동도 매우 코믹하다.

슈투트가르트발레단의 예술감독이었던 존 크랑코 안무 버전의 이 작품은 원작을 가장 드라마틱하게 재구성하며 고도의 테크닉과 심리 묘사로 호평을 받은 작품이다. 무용수들은 섬세한 감정 표현력과 무용 실력 모두 갖춰야 한다. 주로 비극적인 내용의 클래식 작품을 많이 했던 국립발레단 단원들은 〈말괄량이 길들이기〉를 함께하며 내 안에 이런 앙큼함이 있는 줄 몰랐다며 재미있어 하곤 했다. 관객의 호응도 무척 좋았다.

〈말괄량이 길들이기〉는 1997년, 발레리나 시절 내 첫 코믹 발레 도전작이기도 했다. 비련의 여주인공이 되어 발끝을 꼿꼿이 세우고 공중에 떠 있는 대신, 카타리나는 인상을 잔뜩 찌푸린 채 발바닥으로 쿵쿵 바닥을 찍으며 무대를 누빈다. 주먹질과 발차기는 물론 기타를 닮은 만돌린으로 사람 머리를 내리쳐서 기절시키기도 한다. 그야말로 '엽기적인 그녀' 다. 처음 제안 받았을 때, 도무지 나와는 어울리지 않는다는 생각에 거절했었지만 결국 이 배역을 통해 내 안에 숨겨진 코믹하고 발랄한 면모를 발견할 수 있었다. 이 작품을 맡았던 것은 내가 한 일 중에서도 잘한 일이었다.

이 작품에서는 선머슴 같던 소녀가 우아한 숙녀로 다시 태어나면서 극적인 반전이 펼쳐진다. 발레리나 역시 자신의 다양한 매력을 한 작품 안에서 모두 드러낼 수 있다. 일상에서 우리는 자기가 어떤 사람인

슈투트가르트에서의 〈말괄량이 길들이기〉 연습 장면.
천방지축 카타리나의 우스꽝스러운 동작과 표정 연기가 큰 웃음을 주는 작품이다.
또 다른 파트너인 필립 바란키비즈와 함께했다.

▲▲▲▲▲▲▲

지, 어떤 숨겨진 매력이 있는지 발견하기가 좀처럼 쉽지 않다. 자신도 몰랐던 재능과 잠재력은 낯선 경험을 통해 우연히 알게 되는 경우가 더 많다. 20년 전의 나도, 2015년의 국립발레단 단원들도 이 작품을 애써 시도하지 않았다면 자신의 가능성을 알아보지 못했을 거다. 가능성이란 결국 그렇게 찾아나가고 만들어가는 것이라는 생각이 든다.

발레에는 클래식 발레, 네오클래식 발레, 드라마 발레, 모던 발레 등의 장르가 있다. 클래식 발레는 극의 줄거리를 바탕으로 하지만 내용보다는 춤의 형식과 기교가 강조되는 정통 발레다. 스텝이 심플해 조금만 실수해도 티가 나기 때문에 동작마다 완벽성을 추구해야 한다. 또한 스텝이 단순하기 때문에 관객을 지루하게 하지 않으려면 고도의 테크닉과 예술성이 필요하다. 〈백조의 호수〉, 〈지젤〉 같은 작품을 클래식이라고 부른다. 네오클래식 발레는 클래식의 틀 위에 자유로움이 더해진 발레다. 스텝과 팔의 움직임이 자유로워 안무가와 무용수들이 개성을 표현할 여지가 많다. 드라마 발레는 클래식 발레의 형식을 수용하면서도 기교의 완성도가 높아야 하는 것은 물론이거니와 스토리와 감정 표현을 중시한다. 관객을 감정에 푹 빠지게 하는 힘이 있다. 무용수로서 내가 가장 좋아하고 자신 있는 장르이기도 하다. 모던 발레는 전통적인 형식을 완전히 벗어나 현대인의 생각과 감성을 자유롭게 담아낸다. 음악, 연극, 서커스, 뮤지컬 등 다양한 장르 간의 만남도 활발하다.

국립발레단은 클래식 발레에 강하지만, 거기에 안주하지 않고 네오

클래식 발레, 드라마 발레, 모던 발레로 장르를 넓혀가고 있다. 21세기 발레단은 한 장르만 잘해서는 안 된다는 게 나의 신념이다. 장르를 가리지 않고 모두 다 소화해 대중에게 다양한 즐거움을 줄 수 있어야 사랑받을 수 있기 때문이다. 선택의 폭을 넓혀 발레 관객층을 더 확장하는 일도 여기에 포함된다. 그래서 한 해 동안 무대에 올릴 작품을 정할 때, 이전에 해보지 않았던 새로운 장르의 작품을 2~3개 꼭 포함한다. 힘들고 어려운 작품을 해봐야 무용수도, 발레단도 크게 성장할 수 있다고 믿기 때문이다.

일단 다 같이 고생해서 수준이 높아지면 팀워크도 좋아진다. 똑같은 발레인데 장르를 바꾸는 것이 그렇게 어렵냐는 생각이 들 수 있지만, 절대 그렇지 않다. 가수들이 발라드, 댄스, 힙합, 랩, 트로트, 성악 등 자신의 전문 분야가 아닌 다른 분야의 노래를 하려면 발성, 호흡, 리듬, 박자를 완전히 다시 연습해야 하듯 발레도 마찬가지다.

2014년에는 신작으로 네오클래식 발레인 〈교향곡 7번 The Seventh Symphony〉과 모던 발레인 〈봄의 제전 The Rite of Spring〉에 도전했다. 〈교향곡 7번〉은 안무가 우베 숄츠 Uwe Scholz가 '베토벤 교향곡 7번 A장조'의 음악적 메시지와 작곡가 베토벤의 일생을 담은 작품이다. 보통 발레 작품에는 춤을 위한 음악을 따로 작곡하는 데 비해 이 작품은 발레 음악이 아닌 클래식 음악에 맞춰 무용수들이 음표처럼 움직이며 춤을 춘다. 보통 발레는 음악에 맞춰 춤을 추는 거라고 생각하지만, 이 작품에서는 무용수의 몸 자체가 음표이고 음악이다. 음악이 없이 무용수의 춤만으로도 음악을 느낄 수 있는 독특한 안무가 특징이다.

안무가 글렌 테틀리(Glen Tetley) 버전으로 선보인 〈봄의 제전〉은 봄의 신에게 처녀를 산 제물로 바치는 원시제전이다. 상체를 고정하고 춤추는 고전 발레와 달리 무용수들은 토슈즈를 벗고 야만인처럼 몸의 모든 부분을 자유롭게 움직이며 춤춘다. 거친 호흡을 내쉬며 땀 흘려 뛰는 무용수들의 움직임을 보고 있자면 육체의 에너지에 압도당하는 느낌이 든다. 이 작품은 2014년에 초연하고 2016년에 다시 무대에 올린 것인데, 초연 때만 해도 상당한 파격이었으나 지금은 단원들의 기량이 성장한 만큼 관객 호응도 높아졌다. 국립발레단 하면 떠오르는 대표 레퍼토리로 성장하는 중이다.

이 두 작품을 한 무대에 올린다고 했을 때, 해외 각국의 내 동료들과 예술감독님들은 혀를 끌끌 찼다. 두 작품 모두 테크닉과 음악, 개념 모두 완전히 새롭고 난이도가 굉장히 높은 작품이기 때문에 무용수들이 따라오지 못할 거라고 본 것이다. 슈투트가르트발레단의 음악감독으로 오랫동안 활동하며 온갖 어려운 공연을 다 겪어본 지휘자 제임스 터글조차 나에게 "수진, 이건 미친 짓이야"라는 말까지 했다. 단원들 역시 어려운 작품 때문에 매일 끙끙 앓는 소리를 냈지만, 나는 느꼈다. 그들이 무척 즐거워하고 있다는 것을 말이다.

새로운 작품을 연습하는 첫날이면 단원들은 생소한 안무와 표현에 걱정이 많다. 하지만 고되고 끈질긴 연습 끝에 성공적인 무대를 선보이고 나면, 단원들의 기량과 표현력이 한 단계 업그레이드된다. 팀워크가 높아짐은 물론이다.

발레 무용수들이 다른 장르를 소화하려면 기존에 쓰지 않던 근육을 써야 한다. 안 쓰는 근육을 무대에 설 수 있는 수준으로 끌어올려 연습하면 근육이 놀라서 걷지 못할 정도로 통증이 심하다. 하지만 그 고통을 이겨내고 안 쓰던 근육을 자유자재로 움직일 수 있게 되면, 몸이 업그레이드되어 새롭게 탄생한다. 처음 무대는 조금 불완전할 수 있지만, 두 번, 세 번 선보일수록 몰라보게 성장한다. 몸과 정신이 새로운 것을 받아들이면서 나날이 성숙해지고, 나날이 더 재미있어진다.

공연 레퍼토리와 일정을 2~3년 전에 잡아놓고 연습하는 외국 무용단과 달리, 한국 발레단은 1년 단위로 돌아가는 시스템이다. 발레단의 수준과 함께 관객 수도 그만큼 성장하고 있음에도 아직 전용극장이 없어서 공연장 섭외도 쉽지 않다. 그러니 그 짧은 시간에 작품을 습득하고 성장하는 무용수만큼이나, 공연을 무대에 올릴 수 있도록 뒷받침하는 행정직원들의 역량도 중요하다.

나는 지금도 단장실에 혼자 앉아 있는 것보다 직원들과 함께 사무실에 앉아 있는 것을 더 좋아한다. 처음 이곳에 왔을 때 내가 직원들에게 무언가를 물어보면, 다들 바짝 언 표정으로 대답을 하곤 했다. 내가 잘 몰라서 물어보는 것인데 아마 잘못을 되묻는 것으로 오해한 것 같다.

지금은 그렇지 않다. 나는 여전히 많은 것을 물어보며 일한다. 그리고 누구든 불편해하지 않고 기꺼이 알려주고 함께 이해해나간다. 나는 아직 부족한 점이 많지만 그들의 도움으로 한 단계씩 성장하고 있음을 느낀다.

3

꿈은 함께 꿀수록 더 커진다

슈투트가르트발레단에서 20년간 1976~1996 예술감독으로 활약한 마르시아 하이데 선생님은 발레리나 시절의 나에게 "너는 나중에 위대한 예술감독이 될 거야"라고 확신에 찬 목소리로 말씀하셨다. 안무를 창작하는 일에 큰 소질이 없다고 생각했고, 발레리나로서의 기량을 성장시키는 데 집중했던 당시의 나는 예술감독은 싫다고, 평생 발레리나로 춤추고 싶다고 어리광을 부렸다. 그런데 어느새 내가 한 발레단을 책임지고 이끄는 예술감독이 되어 있다. 국립발레단 단장직을 제안 받았을 때 나는 '내가 과연 할 수 있을까?'라는 의문을 갖지 않았다. '그래, 한번 해보자' 하고 내 선택에 확신을 가질 수 있었던 많은 이유가 있겠지만, 하이데 선생님이 내게 보내주셨던 그 큰 믿음이 큰 역할을 했을 거라는 생각이 든다.

혼자 서는 무대에서 함께 만드는 무대로

▲▽▲▽▲▽▲▽▲▽▲▽

하이데 선생님께 정식으로 국립발레단의 예술감독이 되었음을 알리자 선생님은 크게 축하해주시며, 좋은 예술감독이 되려면 세 가지 역량이 필수라고 조언하셨다. 단원들이 예술감독의 말을 전적으로 신뢰하게 만드는 카리스마, 발레단에 뚜렷한 색깔을 입히기 위한 장기적인 투자, 단원 한 명 한 명에 대한 깊은 이해가 바로 그것이다. 선생님은 내게 자질이 충분하다시며, 국립발레단을 한 단계 도약시키는 예술감독이 되라고 가슴 깊이 응원해주셨다.

국립발레단 단장으로 내 목표는 '국립발레단만의 스타일을 만드는 것'이다. 1962년에 시작한 국립발레단은 기본기가 매우 탄탄한 무용단이다. 내로라하는 세계 유명 콩쿠르에서 한국 무용수들의 수상 소식이 끊임없이 들려오는 것만 봐도, 한국 발레 무용수들의 탁월함은 세계가 인정한다. 나는 걸출한 무용수들로 가득한 이 그룹에 국립발레단만의 색깔을 입히는 역할을 하고자 한다. 나 역시 발레리나로서 내 스타일을 만드는 데 30년이 걸렸다. 100여 명이 모인 발레단의 스타일을 만들어나가는 것은 하루아침에 이뤄질 수 있는 일이 아니다. 발레단 전체가 스타일을 소화할 만한 탁월한 기량을 쌓고, 국내외 대중에게 그 스타일을 인정받을 수 있도록 뛰어야 가능한 일이다.

하이데 선생님은 내게 예술감독이 발레단에서 좋은 성과를 내려면 적어도 10년은 걸린다며, 조급한 마음을 갖지 말고 한 단계씩 올라갈 것을 당부하셨다. 슈투트가르트발레단이 드라마 발레로 독보적인 영역을 구축하는 데 10년이 걸렸고, 하이데 선생님 역시 산티아고발레단에 색깔을 입히는 데 10년이 걸렸다고 하셨다.

머릿속에 계획은 많지만, 하루아침에 이루어지는 것은 아무것도 없다. 하루하루 100%로 충실하자는 발레리나 때의 마음가짐은 단장이 된 지금도 여전하다. 한 번에 큰 도약을 꿈꾸는 것은 무용수를 망치는 지름길임을 잘 알고 있기에 빨리 가려고 서두르기보다, 오늘 해야 할 일에 집중하고 있다. 무엇보다 내가 기대한 것보다 발레단이 더 빠르고 단단하게 성장하고 있어 감사할 따름이다.

얼마 전 국립발레단을 방문해 자신이 안무한 〈잠자는 숲속의 미녀〉를 직섭 지도해주신 하이데 선생님은 단원들이 한 번 가르쳐준 것을 모두 자신의 것으로 소화해낸다며 한국이라면 자신만의 스타일을 만드는 데 10년도 채 걸리지 않을 것이라고 격려하셨다. 선생님뿐 아니라 수많은 발레 선배들이 한국에 방문해서 국립발레단의 성장을 온 힘을 다해 돕고 있다. 나 역시 세계 무대에서 배우고 경험한 모든 것을 쏟아부어 발레단의 성장에 꼭 필요한 또 하나의 주춧돌을 쌓고자 한다.

전 세계 거장과 함께 성장하는 국립발레단

2014년 막 발레단장 임기를 시작했을 때였다. 〈라 바야데르〉 공연을 앞두고 있었는데 갑자기 전임 발레단장이 섭외한 오케스트라 지휘자가 공연에 참여하지 못하겠다는 연락을 해왔다. 공연은 한 달 앞으로 다가왔는데 지휘자가 없다니, 난감했다. 음악이 중요한 발레에서는 오케스트라의 수준이 공연의 성패를 좌우하기 때문에 발등에 불이 떨어진 셈이다. 여기저기 수소문 끝에 발레 지휘자로 명성이 높은 주디스 얀을 초청했다. 임기를 시작한 나에게 쉽지 않은 난관이었지만, 30년의 국제 경험에서 쌓은 인맥이 헛되지 않았음을 보여준 좋은 기회였다.

어떻게 보면 30여 년간 전 세계 발레단과 일한 발레 네트워크는 내 가장 큰 무기다. 세계 무대에서 활동한 1세대로서 얻은 경험과 노하우가 후배들에게 어떤 방식으로든 도움이 될 수 있다고 생각했다. 그중 가장 중요하게 생각하는 것이 후배들에게 세계의 훌륭한 스승들을 연결시켜주는 일이었다.

훌륭한 스승이 없다면 강수진의 발레 인생이 없듯, 국립발레단 역시 한국 최고를 넘어 세계 최고가 되려면 좋은 선생님이 필요하다. 한국 국립발레단에는 이미 좋은 선생님들이 많다. 하지만 조직 전체가 함께 성장하기 위해서는 새로운 시도, 새로운 관계 앞에 늘 열려 있어야 한다고 생각한다. 세계 최고라 할 수 있는 선생님들을 부지런히 초빙한 것은 단원뿐 아니라 선생님 들까지 더 많은 세계 감각을 얻을 수 있으리라 기대했기 때문이다. 그래서 독보적인 개성을 가졌을 뿐 아니라, 인성을 겸비해 단원들에게 모범이 되는 분들을 모시고 왔다. 수많은 발레 거장이 바쁜 일정 가운데 어렵게 한국에 와서 자신이 가진 100% 이상을 국립발레단에 쏟아부었다.

2017년에 국내에서 첫선을 보이는 〈안나 카레니나 Anna Karenina〉를 성공적으로 만들기 위해 〈안나 카레니나〉의 안무가이자 취리히발레단 예술감독인 크리스티안 슈푹을 초청했다. 원작자와 직접 만나 소통하면서 새로운 작품을 무대에 올리는 기쁨과 성취감은 그 무엇과도 비교할 수 없을 것이다. 의상 하나하나, 동작 하나하나를 원작자와 무용수가 함께 지어나가기 때문이다.

2016년에는 〈스파르타쿠스 Spartacus〉를 무대에 올리기 위해 〈스파르타쿠스〉를 안무한 현존하는 최고의 안무가 유리 그리고로비치를 초빙했다. 볼쇼이발레단에서 10년 넘게 스파르타쿠스 역을 맡아 캐릭터에 대한 이해가 완벽한 이렉 무하메도프도 객원 트레이너로 지도했다. 이들은 우리 발레단 무용수들의 실력을 보고 감탄해서 역으로 해외 무대의 주인공으로 이들을 캐스팅해 가기도 했다. 군무였던 무용수를 실력만 보고 주역으로 파격 캐스팅한 것인데, 한국에 초청한 코칭스태프들이 무용수들을 해외로 진출시키는 기회를 제공한 셈이다.

이렇게 좋은 선생님 한 분이 오시면, 스텝과 손동작만 가르치고 가는 것이 아니다. 새로운 공기를 불어넣고 하나의 세계를 보여준다. 세계 각국을 다니며 발레 공연을 이끄는 사람들이기 때문에, 잠시 시간을 같이 보내는 것만으로도 세계 발레 흐름을 읽을 수 있고 정보를 얻을 수 있다. 단원들은 한국 연습실에서 훈련하지만, 세계의 흐름에 맞게 자신의 역량을 발전시킬 수 있다.

선생님마다 가르치는 방식이 다르고, 단원마다 학습하는 스타일이 다르다. 아무리 진리라도 내가 매일 2+2=4라고 말하면 지겹고, 잘 와 닿지 않는다. 그런데 세계 최고의 선생님이 각자의 방식으로 색다르게 2+2=4라고 가르치면 받아들이기가 쉽다. 자기만의 세계를 구축하는 예술가들을 위해 더 넓은 세계를 더 섬세한 방식으로 보여주고 싶다. 하지만 나 혼자서는 역부족이기에, 내가 가진 인맥을 통해 세계에서 가장 좋은 것을 경험할 수 있는 기회를 만들고 있다.

예술에 완성은 없다. 예술은 계속해서 발전하고 끊임없이 만들어가는 과정이다. 국립발레단이 더 좋은 과정에서 더 나은 결과를 낼 수 있도록, 전 세계 발레 거장들과 함께 노력할 것이다.

7

세계 속의 한국 발레

◆X◆X◆X◆X◆X◆X◆
◆X◆X◆X◆X◆X◆X◆
◆X◆X◆X◆X◆X◆X◆
◆X◆X◆X◆X◆X◆X◆
◆X◆X◆X◆X◆X◆X◆
◆X◆X◆X◆X◆X◆X◆

실력으로
뛰어넘지 못할 벽은
없다

1

포기라는 단어는 버려도 좋다

"꽁쁘레네 부^{Comprenez-vous}(알겠니)?"

"위^{Oui}(네)!"

모나코 왕립 발레학교 유학 시절, 선생님이 질문하면 반 친구들처럼 '위'라고 대답했지만, 선생님 말씀 중 겨우 30% 정도만 알아들었다. 수업 내용은 혼자 교과서를 공부해가며 어렴풋이 이해했지만, 10대인 친구들이 빠르게 말하며 유행어를 섞어 쓰면 외국인인 나는 뜻을 파악하기가 굉장히 힘들었다. 한창 친구들과 재잘재잘 수다를 떨어야 할 때 언어가 통하지 않으니 그 답답함은 이루 말할 수 없었다.

생존하기 위해 배운 5개 국어

▲▽|▲▽|▲▽|▲▽|▲▽|▲▽

기숙사를 나와 마리카 교장 선생님 댁에서 생활할 때였다. 선생님은 내 외국어 실력이 형편없다는 것을 금방 알아차리시고, 프랑스어와 영어 개인 교사를 구해주셨다. 내가 좋아하는 발레를 더 잘 배우려면, 영어와 프랑스어는 필수였다. 일주일에 두 번 주말마다 개인 교사 선생님께 절박한 마음으로 배웠다. 수업 시간에 배운 말은 다음 날 친구들과 대화할 기회가 있을 때마다 꼭 써보았다. 그러면 친구들은 잘못된 부분을 고쳐주거나, 더 나은 표현을 알려주었다. 실생활에서 꾸준히 복습한 덕분에 불어와 영어 실력은 눈에 띄게 좋아졌다. 외국어 실력은 입을 연 횟수와 비례한다는 것을 그때 깨달았다.

'조금 더 실력을 쌓고 나서 대화해야지.'

'어설프게 이야기하면 저 사람들이 나를 비웃지 않을까?'

이런 생각으로 입을 닫으면 외국어 배울 생각은 꿈도 꾸지 말아야 한다. 잘하든 못하든 자신감을 갖고, 말할 기회가 있을 때마다 적극 대화에 뛰어들어야 한다.

슈투트가르트발레단에 입단하고 배워야 할 언어는 독일어였다. 혼자만 열심히 해서는 절대로 훌륭한 발레리나가 될 수 없다. 전 세계에서 온 무용수들과 소통해 최고의 공연을 선보이려면, 영어, 프랑스어, 독일어를 필수로 구사해야 했다. 영어와 프랑스어는 의사소통이 가능할 정도로 충분히 익혔지만, 독일어가 문제였다. 독일어를 배우는 것은 만만치 않았다. 발레단에서는 영어와 프랑스어로 대화를 더 많이 하고, 독일어를 쓰는 사람이 몇 명 되지 않아 배울 기회가 적었다. 이번에도 역시나 에라 모르겠다 생각하고 문법이 틀리건 말건 그냥 입을 열었다. 틀리면 사람들이 친절하게 고쳐주었고, 어느 순간 말문이 터지기 시작했다. 독일 사람처럼 유창하지는 않아도, 내 마음을 표현할 만큼은 쓸 수 있게 되었다.

남편 툰츠의 모국어인 터키어도 배웠다. 남편 역시 독일에서 오래 생활해 영어와 독일어가 능통하기 때문에, 우리 부부는 집에서 주로 영어와 독일어로 대화한다. 시어머니는 프랑스어를 잘하셔서, 시어머니와는 프랑스어로 대화했다. 하지만 툰츠의 모국어로 내 사랑과 고마움을 전하고 싶었다.

2003년, 결혼한 지 1년쯤 되었을 때 시어머니를 선생님으로 모시고 터키어를 배웠다. 하루 6시간씩 6주 동안 터키어 트레이닝을 받았다. 시어머니가 문법을 가르쳐주시면 그것을 바로 암기하는 식이었다. 읽고 쓰는 것은 익숙하지 않지만, 기본적인 대화는 할 수 있을 정도로 배웠다.

한국인이지만 30여 년 넘게 외국어를 쓰며 살다 보니 한국어 실력을 지키기 위한 노력도 필요했다. 아버지께서는 매년 내가 좋아하는 추리 소

설과 그해의 베스트셀러를 잊지 않고 보내주셨고, 나는 자기 전에 30분이라도 꼭 책을 읽으려고 노력했다. 책장에 한국어 사전을 꽂아 놓고 모르는 단어가 나오면 바로 찾아 확인하며 공부했다. 집에서 쉴 때면 한국어 방송을 틀어놓았다. 내가 어린 나이에 유학을 갔고, 외국 생활을 오래 했기 때문에 한국말을 잘 못할 거라 생각하는 사람들이 꽤 많다. 처음 만난 사람들은 나와 어떻게 대화해야 할지 머뭇거리곤 했다. 그러다 내가 입을 열면 생각보다 한국말을 잘한다며 눈이 휘둥그레졌다. 속담도 좋아하고, 한자어도 즐겨 쓴다. 또 수다에도 능하다. 2014년부터 한국에 살았으니 점점 더 말이 늘고 있다.

외국 생활 초기에 책상 앞에 앉아 머리 싸매고 외국어를 배우는 후배들을 많이 보았다. 언어는 책만 들여다본다고 익혀지는 것이 아니다. 다양한 사람을 만나고, 현지의 재미난 곳을 발품 팔아 다니고, 문화를 맛보며 배워야 한다. 문화와 언어를 함께 익혀나갈 때 비로소 살아 있는 나의 언어가 된다. 개인 교사 선생님이 내 언어 실력을 높이는 데 큰 도움이 되었지만, 그에 못지않게 실력을 키워준 건 학교 친구들과 나눈 대화, 마리카 선생님과 떠난 문화 여행, 모나코 길거리에서 만지고 냄새 맡으며 느낀 현지의 공기였다.

세계로 뻗어 나가 활약할 후배들이 절박함과 치열함으로 외국어를 배우되, 언어에만 치우쳐 삶의 재미를 잃어버리지는 않았으면 좋겠다. 우리는 살기 위해 말하는 것이지, 말하기 위해 사는 것은 아니니까 말이다.

VΛVΛVΛVΛVΛVΛVΛVΛVΛVΛVΛ

꿈은 중요하다.

하지만 꿈의 저마다 크기는 다르다.

나에게는 하루하루 최선을 다하는 것이 꿈이자 목표다.

하루에 해야 할 일을 최선을 다해 해낸 뒤 집에 돌아오는 것,

그것이 나의 단조로운 일상이자 간절한 꿈이다.

꿈의 크기에 비해 눈앞에 닥친 현실이 비루하게 느껴질 때,

나는 아무것도 아닌 듯 초라해질 때,

그럴 땐 하루만이라도 있는 힘껏 살고 그 단순한 보람을 느껴보라.

무엇보다 그렇게 하루를 힘차게 살아낸 자신을 믿어보라.

VΛVΛVΛVΛVΛVΛVΛVΛVΛVΛVΛ

전 세계를 넘나드는 즐거움

▲∨▲∨▲∨▲∨▲∨▲∨▲∨

어릴 적 내 꿈은 스튜어디스가 되어 전 세계 이곳저곳을 여행하는 것이었다. 발레리나가 되고 난 뒤 전 세계 곳곳을 원없이 여행할 수 있었다. 오히려 꿈을 이룬 셈이다. 슈투트가르트발레단은 전 세계 발레 공연에 초청된다. 일 년에도 여러 차례 세계 곳곳을 다니며 공연을 해서, 자연스레 세계 각국 문화를 접할 수 있었다. 주인공 역할을 맡은 후로는 공연에 대한 책임감과 방송 출연 등 바쁜 스케줄 때문에 짬을 내 여행 다니기가 어려웠지만, 7년간의 군무 시절에는 부지런히 현지 문화를 경험했다. 그 나라 명소를 방문하고, 지역 먹거리를 먹어보고, 체험 이벤트도 참여했다. 공연을 마치고 녹초가 되어 숙소에 뻗어 있다가도 봐야 할 것, 해야 할 것이 생각나면 어디서 힘이 났는지 다시 옷을 챙겨 입고 밖으로 나가 밤새 거리를 헤맸다. 뉴욕 공연을 가면 세계의 중심이라는 그 도시의 오만함과 역동성을 밤새 만끽했고, 파리 공연을 가면 루브르 박물관에서 미술 작품의 아름다움에 푹 빠져 지냈다.

발레단은 대도시뿐 아니라 전국 투어도 다닌다. 미국 공연에선 뉴욕, 샌프란시스코 등 유명한 대도시 이외에도 중소 도시로 전국 투어를 다녔다. 51개 주가 51개 나라라는 미국은 주마다 자연, 문화, 역사가 다 달라서 그 자체로 세계 여행을 하는 기분이었다. 전국 투어를 한 덕분에 다양한 인종과 문화가 뒤섞여 만들어진 각 도시의 개성과 미국의 진짜 얼굴을 보았다.

이집트 공연을 갔을 때였다. 단원 중 한 명이 어디서 "이집트에 왔으면 말과 낙타를 타고 사막을 건너 피라미드 뒤로 해가 뜨는 일출을 봐야 한다"는 말을 듣고 왔다. 호기심이 발동해 결국 마음 맞는 몇몇 단원들과 함께 말과 낙타를 나눠 타고 피라미드가 있는 모래벌판으로 나섰다. 연인이던 툰츠가 하필이면 가장 사나운 말을 탔고, 날뛰는 말 때문에 한참을 고생하다가 낙마해 갈비뼈가 부러지는 사고를 당했다. 감독님께 혼날까 봐 붕대로 압박한 뒤 겨우 공연을 마치긴 했지만, 지금 생각해도 아찔한 일이다.

사해에 둥둥 떠서 책을 읽기도 했다. 사해는 사막 지역이라 요르단 강에서 물이 유입되는 만큼 말라버린다. 그래서 소금 농도가 진해 아무것도 살지 못하는 소금 바다, 죽음의 바다다. 사해에 직접 누워보니 사해 위를 걸어 다녔다는 옛날 사람들의 말에 고개가 끄덕여졌다. 어릴 때 물에 빠져 숨을 못 쉰 적이 있어서 그때까지만 해도 수영을 굉장히 무서워했는데, 사해는 몸이 가라앉지 않아서 아주 좋았다. 겁 없이 개구리 수영도 하며 재미있게 놀았다. 물 밖에선 미네랄이 많아 피부에 좋다는 머드를 덮고 여유를 부렸다.

겁 없이 세계 문화를 맛본 20대 시절은 내 세계를 다채롭고 풍성하게 해주었다. 슈투트가르트발레단은 독일의 발레단이지만 프랑스, 중국, 벨기에, 캐나다, 터키 등 문화적 다양성이 넘쳐난다. 전 세계로 공연하러 다니며 함께 무대에 서는 무용수들의 국적은 이탈리아, 캐나다, 남아프리카공화국, 폴란드, 러시아 등 손에 꼽을 수 없을 정도다. 예술감독, 음악감독, 무대감독 등 스태프까지 포함하면 함께 일하는 사람들의 국적은 유엔총회 수준이 된다.

다른 발레단 단원들도 마찬가지다. 무용수들은 발레단 한 곳에서만 공연을 하는 것이 아니라, 오스트리아, 네덜란드, 호주, 아프리카 등 해외 각국의 다양한 발레단에 초빙되어 협업을 하기도 한다. 나 역시 수석무용수가 된 이후로는 다른 발레단에 게스트로 초청받는 일이 많아졌는데, 그전까지 다양한 국적의 스태프들과 함께한 일이 큰 도움이 되었다.

시스템, 일하는 방식, 무용수 성격은 전 세계 발레단이 다 다르고 모두 독특한 개성이 있다. 독일 발레단은 운영은 원칙주의적이고 작품 자체는 모던했다면, 러시아 발레단의 운영은 정반대라고 보면 된다. 러시아는 무용수들의 기본기가 무척 뛰어나고 발레 그 자체는 원칙에 충실하다. 프랑스는 발레의 원조라는 자부심이, 미국은 미래의 주인공이라는 자신감이 넘친다. 각자 개성 넘치는 발레단에 초청받아 작품을 함께 하면 처음부터 끝까지 맞춰야 하는 것이 한두 개가 아니다.

그들의 개성을 포용해 완벽한 무대를 만드는 것이 수석무용수의 역할이다. 발레단에는 예술감독이라는 리더가 있지만, 그건 무대의 막이 오르기 전까지일 뿐이다. 막이 오르고 공연이 시작되면 수석무용수는 무대 위의 지휘자가 되어 모든 출연진과 호흡을 맞춰 무대의 가치를 최대한 끌어올려야 한다. 젊은 시절에 무모할 정도로 전 세계 문화를 탐험한 경험은 다양한 문화적 배경을 가진 사람들과 협력하여 수석무용수로서 리더십을 발휘하는 데 큰 도움이 됐다.

자랑스러운 한국인

▲▽▲▽▲▽▲▽▲▽▲▽

2005년 4월, 당시 한국 대통령이던 노무현 대통령이 독일에 국빈 방문했다. 대통령 관저인 벨뷔궁에서 호르스트 쾰러 대통령 주재로 국빈 환영 만찬이 열렸다. 그 영광스러운 자리에 당시 독일 SG 아인트라흐트 프랑크푸르트 팀에서 뛰었던 차두리 선수와 우리 부부가 초청받았다.

만찬장에서 쾰러 대통령이 직접 나를 노무현 대통령께 소개했다. 독일 대통령이 한국인 나를 한국 대통령에게 소개하는 것이 아이러니했지만, 노무현 대통령도 나도 자긍심 가득한 흐뭇한 표정을 감출 수 없었다. 노무현 대통령은 편한 이웃집 아저씨 같은 분이셨다. 높은 사람 특유의 엄격함은 찾아볼 수 없었다. 첫인사부터 친근한 농담을 건네셨다.

"강수진 씨, 안녕하세요. 한국에서는 강수진 씨 얼굴보다 발이 더 유명한 것 아시죠?"

대통령의 그 한마디에 대통령 부부도 우리 부부도 크게 웃었다. 만찬 내내 당당하고 진솔한 모습으로 사람들에게 깊은 인상을 남기셨다.

만찬장에 들어가 내가 앉을 테이블을 찾는데 아무리 찾아봐도 내 이름이 적힌 명패가 보이지 않았다. 지나가는 웨이터를 붙잡고 물었는데, 웨이터는 잠깐 당황하더니 이내 친절하게 자리를 안내해주었다. 알고 보니 그는 당시 독일 대통령의 오른팔인 국방부 장관이었다. 장관을 웨이터인 줄 알고 내 자리가 어디냐고 묻다니, 지금 생각해도 웃음이 나는 실수다. 공교롭게도 식사 때 국방부 장관님과 같은 테이블에 앉게 되어, 나는 다시 한 번 정중하게 사과드렸고 장관님은 괜찮다며 웃으셨다. 오히려 내 실수가 계기가 되어 스스럼없이 대화를 나누며 즐거운 시간을 보냈다.

만찬이 끝났다. 차를 타기 위해 밖으로 나섰는데, 봄이긴 하지만 아직 4월 초였고 숲으로 둘러싸인 궁전의 저녁은 추웠다. 얇은 이브닝드레스 차림이라 으슬으슬 몸이 떨렸다. 마침 저만치에서 내가 타고 온 차가 들어오는 게 보였다. 나는 얼른 뛰어들어 차 문을 열었다. 그 순간 거구의 사내들이 사방에서 튀어나와 나를 제지하는 통에 한바탕 난리가 났다. 독일 대통령의 경호원들이었다. 알고 보니 그 차는 쾰러 대통령의 차였다. 다행히 다들 웃어넘겨 유쾌한 해프닝으로 마무리됐다.

독일 발레단에서 30년간 일했을 때, 내 국적이 대한민국인지 독일인지 궁금해하는 사람들이 많았다. 내 국적은 예전에도, 지금도 한국이다. 독일에서 그 어떤 안락한 삶을 보장해준다 해도 대한민국 국적을 버리겠다고 마음먹은 적은 단 한 번도 없었다. 한국인이라는 자부심은 내 정체성이며 자존감의 원천이다. 외국에서 활동하던 초기에는 사람들이 대한민국은 어디에 있는 나라냐고 묻곤 했다. 지금처럼 비자 발급이 원활하지 않았던 과거에는 한국에 들어올 수 없는 때도 많았는데, 그럴 때마다 홀로 섬에 있는 듯 서글퍼졌다. 그러나 점차 한국 경제가 성장하고 문화계에서도 큰 성과를 이루며 대한민국의 위상이 높아질 때, 누구보다 내 나라가 자랑스러웠다. 그런 자랑스러운 내 나라에 돌아와 나라를 대표하는 발레단을 이끌게 되다니 이보다 더 큰 영광이 있을까.

차별을 뛰어넘는 실력

▲▼▲▼▲▼▲▼▲▼▲▼▲▼

사람은 자신과 비슷한 모습, 말투, 체취를 가진 사람에게 편안함을 느낀다. 그러다 보니 세계 어디를 가도 인종이나 민족에 따라 구분을 당한다. 하지만 나는 그것을 이유로 자신이 이루지 못한 것을 변명하는 것은 지혜롭지 못하다고 생각한다. 유학생들이 외국인이라 불공정한 판정을 받았다는 이야기를 할 때가 있다. 그럴 때면 나는 실력이 부족해서이지, 한국인이기 때문은 아니라고 얘기해준다. 그것이 사실이든 아니든 그렇게 생각하는 편이 본인에게 훨씬 도움이 되기 때문이다.

한국에서라면 어떨까? 만약 두 사람이 똑같은 실력을 갖췄으면, 외국인이 아닌 한국인을 채용하는 것이 당연할 것이다. 그 이유는 언어, 문화, 관습 등 모든 면에서 한국인과 같이 일하는 것이 더 수월하기 때문이다. 그것도 채용을 결정하는 조건이 되는 것이다. 한국인보다 실력이 월등해 한국인을 채용하는 것보다 효과가 크다고 생각할 때만 외국인을 채용하게 되어 있다.

한국인이 외국에 나갔을 때도 마찬가지다. 현지인과 똑같은 실력 정도면 한국인이 채용되지 않는 것은 어쩌면 당연하다. 외국에서 기회를 얻으려면, 외국인보다 월등한 실력을 갖춰야 한다. 탁월하게 뛰어난 사람은 확연하게 눈에 띈다. 인종, 언어, 종교의 차이에도 불구하고 탁월하면 뽑는다. 글로벌 무대에는 다양한 국가, 다양한 인종이 함께한다. 그들 모두가 더 낫다는 것을 실력으로 증명해야 한다. 다양한 만큼 다양한 핸디캡이 있을 수 있다. 그렇기에 글로벌 무대에 서고 싶다면, 그럭저럭 잘하는 정도로는 안 된다. 월등하게 잘해야 한다.

동양인으로서 세계 무대에서 활동하는 일이 어렵지 않았는지 물어보는 사람이 많았다. 인종차별을 당한 적이 없느냐는 질문을 하기도 한다. 생각해보면 세계적인 무대에서 성과를 낸 사람들에 대해 '동양인 최초', '한국인 최초'라는 꼬리표를 붙이곤 하는 세, 국제 무대에서는 인종차별로 인한 어려움이 있다고 전제하기 때문이 아닐까?

나는 단 한 번도 인종차별을 경험한 적이 없다. 동양인에 대한 차별이 있다는 생각조차 해보지 않았다. 인종 특성 때문에 불편한 적은 있었다. 다른 무용단의 초청을 받았을 때의 일이다. 내 전담 헤어메이크업 스태프가 아닌 낯선 사람이 동양인의 곧고 탄력 있는 머리카락을 제대로 만지는 법을 몰랐다. 그래서 그냥 내가 했다. 종종 있는 일이고, 발레리나들은 기본적으로 무대 헤어메이크업 정도는 스스로 할 수 있으니 조금만 더 바쁘게 움직이면 될 일이었다.

독일 발레단에서 7년이나 군무를 했을 때도 내가 동양인이기 때문에 겨우 군무에 머물고 있다는 생각은 단 한 번도 하지 않았다. 인종차별이 실제로 있었는지와는 별개로, 만일 내가 서양인이 아니라 기회가 없다고 생각했으면 어땠을까? 내 의지와 노력으로 바꿀 수 없는 내 뿌리 때문에 기회가 주어지지 않는다고 생각했다면, 열정이 금세 사그라졌을 것이다. 내가 내린 답은 '경험이 부족하고 아직 더 배워야 할 것이 많아서 군무를 추는 것이다'였다. 실력이 부족하다고 생각했기에, 묵묵히 독한 연습을 계속했다.

나는 실력으로 설득할 수 없는 무대는 없다고 생각한다. 1998년, 슈투트가르트발레단은 세계 공연 시장의 메카라고 불리는 뉴욕의 무대에 〈로미오와 줄리엣〉과 〈오네긴〉을 올렸다. 링컨센터 뉴욕 주립극장에서 나는 나만의 줄리엣과 타티아나를 선보였다. 뉴욕은 평론가의 말 한마디에 발레리나의 명운이 갈리는 무서운 곳이었다. 모두들 긴장한 가운데 평을 기다렸다. 다음 날, 〈뉴욕 타임스〉는 '강수진만의 줄리엣'

이라는 평을, 〈뉴욕 포스트〉는 '이미 빛나는 왕관에 다이아몬드를 달아주었다'라는 평으로 그날의 무대를 기록했다. 나는 그 이후 일약 스타가 됐다.

발레가 탄생한 도시 파리에서의 첫 공연을 앞두고는 차가운 프랑스 사람들이 어떻게 반응할지 두려웠다. 하지만 〈말괄량이 길들이기〉로 무대를 마치자 프랑스 사람들은 따뜻한 환영의 박수를 보내주었다.

내게 무대란 열정을 다해 내가 사랑하는 발레를 선보이는 자리이기도 하지만, 관객과 평론가 등 수많은 이들에 의해 평가받는 자리이기도 하다. 누구보다도 냉철한 그들 앞에 설 때, 내가 동양인이고 한국인이라는 자의식에 움츠러든다면 피땀 흘려 준비한 무대를 제대로 보여줄 수 없다. 그날을 위해 100%를 태워 무대에 선 나 자신을 믿어야 한다.

발레계뿐 아니라, 어떤 영역이건 실력이 국적이 될 수 있다고 생각한다. 나만의 개성이 확실하면, 내 본연의 가치로 인정받을 수 있다. 투정하고, 변명하고, 핑계 댈 시간에 실력을 쌓는 편이 낫다. 실력을 갖추면 운도 내 편이 되고, 외부 환경도 나를 위해 움직이고, 도와주겠다는 사람이 몰려든다. 내가 한국인인지, 독일인인지, 브라질인인지의 구분은 무의미해진다.

2014년에는 독일 바덴뷔르템베르크 주정부가 수여하는 '공로훈상'을 받았다. 그 덕분에 시내버스에는 대문짝만한 광고판에 내 얼굴이 실리기도 했다. 공로훈장은 주정부에서 주는 가장 큰 상으로, 정치, 경제, 문화. 사회 부문에서 공로가 큰 사람에게 주어진다. 장클로드 융커 EU 총재, 노벨물리학상 수상자 볼프강 케테를레, 바이올리니스트 안네 소피 무터, 동화작가 에릭 칼 등이 이 상을 받았다. 나는 캄머탠저린으로서, 한 사람의 예술가로서 전 세계적으로 활동하며 주정부의 위상을 드높인 공로를 인정받아 이 공로훈장을 받았다. 한국인이 받은 독일의 훈장으로, 무척 자랑스럽다. 어디에서 살든, 그 사람의 삶이 '그럴 만한 가치가 있으면' 충분하다는 걸 보여줬기 때문이다.

2

언제나 더 큰 무대를 상상하라

어린 시절, 마리카 선생님이 나의 가능성만을 믿고 유학을 제안하셨을 때 부모님은 주저하지 않고 나를 머나먼 타국으로 보내주셨다. 지금 생각하면 세 분 다 용감하기 그지없다. 당사자인 나보다도 그분들의 용기가 더 필요한 일이었다. 더 큰 세계에서의 경험이 한 사람의 성장에 얼마나 큰 역할을 하는지 깊이 절감하고 있었기에 가능했을 것이다.

더 큰 무대가 기다린다

▲▽▲▽▲▽▲▽▲▽▲▽

내 발레 인생을 돌아보니, 발레단 단장이 된 지금도 무용수 가운데 해외로 진출하고자 하는 사람이 있다면 믿고 응원해주는 편이 좋다는 생각이 든다. 무용수든 누구든 해외 경험을 하는 것은 좋은 일이다. 더 배우고자 할 때는 마음껏 경험해봐야 한다. 인생은 길지 않고, 발레 무용수로 무대에 설 수 있는 시간 역시 짧기 때문이다.

국립발레단 단원들을 세계 무대에 알리기 위한 노력도 아끼지 않는다. 2017년에 국립발레단 무용수 박슬기와 변성완이 벨기에 플랑드르 발레단에서 〈스파르타쿠스〉 초청 공연을 했다. 30년간 볼쇼이발레단에서 예술감독을 지낸 유리 그리고로비치의 90세 생일을 축하하는 기념 공연에서 각각 주역인 예기나 역과 크라수스 역을 맡았다. 국립발레단에서 〈스파르타쿠스〉 연습을 지켜본 유리 그리고로비치 팀이 직접 두 사람을 초청한 것이다. 두 사람은 세계 무용수들과 어깨를 나란히 하며, 한국의 색깔을 보여주고 돌아왔다.

한편, 국립발레단 수석무용수였던 이은원 단원은 2016년에 세계적인 무용수이자 예술감독인 줄리 켄트^{Julie Kent}의 제안을 받고 워싱턴발레단에 입단했다.

신입사원에서 시작해 2~3년 안에 잘 성장한 직원이 별안간 회사를

288 ╳ 289

떠난다고 하면, 회사 입장에서는 큰 손해일 수밖에 없다. 이제 무대에서 크게 활약할 수 있을 만큼 성장했고 또 시간을 들여 호흡을 잘 맞춰온 단원이 발레단을 떠나게 되면 발레단에 손해일 수도 있다. 하지만 나는 꼭 그렇게 생각하지는 않는다. 한번 제자가 영원한 제자일 수는 없다. 나는 잠시 시간을 함께하며 조언해주는 사람에 지나지 않는다. 더 큰 무대로 가고자 한다면 기꺼이 떠나보낸다. 내가 가르친 단원이 실력을 쌓았다면, 그건 전부 스스로 노력해서 자신의 것으로 소화해낸 단원의 것이다. 그가 먼 타지에서 얻은 경험을 훗날 한국에 돌아와 후배들을 위해 펼친다면, 그만큼 좋은 일도 없을 거다.

1980년대 초반에 유학을 떠나 활동한 나는 지금 현역 무용수들에 비하면 옛날 사람이다. 당시에는 지금과 같은 과학적이고 세련된 트레이닝 방식이나 시스템이 없었다. 맨몸으로 부딪히며 깨우쳐야 했던 시대였다. 그렇기에 후배들에게 내가 했던 방식대로 18시간씩 연습하라고 강요할 수는 없고 그럴 필요도 없다. 그러지 않아도 더 효과적이고 효율적인 방식을 통해 기량을 향상시킬 수 있기 때문이다.

그러나 앞서 길을 걸은 사람이 자신의 경험에서 나온 노하우를 헌신적으로 전해주어 길을 열어주고 지름길을 알려준다면 후배들은 더 크게 성장할 수 있다. 나를 키운 팔 할은 마리카 교장 선생님이지만, 선생님은 단 한 번도 내가 너를 키웠다고 하지 않으셨다. 그래도 나는 안다. 마리카 선생님은 나에게 정말 아낌없이 주셨다. 나도 마리카 선생님처럼, 남김없이 주고 싶다. 내 후배들이 나보다 더 좋은 방향으로 조금 덜 힘들게 발레의 길을 걸을 수 있도록 돕고 싶다.

한국 발레를 빛낼 안무가

▲▼▲▼▲▼▲▼▲▼▲▼▲▼

슈투트가르트발레단은 유명 발레리나들이 거쳐 간 유서 깊은 발레단이기도 하지만, 무엇보다도 모든 안무가들이 같이 작업하고 싶어하는 창작 발레의 중심지이자, 안무가의 등용문이다. 한마디로, 지금 이곳의 이야기를 담은 새로운 발레 작품들이 끊임없이 만들어지는 곳이다. 내가 단원으로 활동하며 참여했던 수많은 작품이 슈투트가르트발레단에서 창작되어 전 세계 무대로 퍼져나간 작품들이었다. 안무가들은 활발하게 창작 활동을 하고 그것을 슈투트가르트발레단의 무대에 올려 관객의 평가를 받았다. 아름다운 작품이 끊임없이 창작되고 세계적인 안무가들이 이곳을 시험 무대로 삼았기 때문에, 슈투트가르트발레단은 발레단으로서의 생명과 영향력을 오랜 세월 지켜낼 수 있었다.

　나는 한국의 발레 역시 그럴 가능성이 충분하다고 생각한다. 그래서 국립발레단에서 새롭게 시도하는 프로젝트 중 하나가 바로 국립발레단만의 창작 발레 레퍼토리를 다양하게 구축해나가는 일이다. 그러기 위해서는 안무가 중심으로 팀을 더 많이 꾸려야 하고, 안무가는 한국

적인 것에 대한 이해가 깊어야 한다. 한국 발레 무용수들은 세계 무대에서 활약하고 있지만, 안무가를 키우기 위한 노력은 부족했다. 과거보다 발레 관객이 더 많이 늘어나고 다양해진 만큼, 한국 발레는 다양한 작품을 선보여 관객에게 다양한 선택의 기회를 제공해줘야 한다. 한국에서 한 번도 선보이지 않은 외국 작품을 초연하는 일도 중요하지만, 한국 발레의 뿌리를 튼튼하게 만들기 위해서는 무엇보다 한국에서 출발하는 작품이 더 다양하게 생산되어야 한다.

국립발레단은 한국적이면서도 글로벌한 감각을 갖춘 안무가를 키우기 위해 2015년부터 'KNB 무브먼트'를 진행하고 있다. 이는 국립발레단 단원 중에 재능 있는 안무가를 발굴하는 프로젝트다. 발레리나는 춤을 추고 무대에 서봐야 자신의 재능을 알 수 있듯, 안무가 역시 자신이 만든 작품을 무대에 올려봐야 한다. 넘치는 열정을 무대에 풀어낼 수 있도록 하나의 장을 마련해준 것이다.

이 사업을 발표하자 예상보다 더 많은 단원들이 관심을 보이며 자발적으로 팀을 꾸려 안무를 창작하기 시작했다. 2015년 시즌1 때는 12명의 안무가가 9개 작품을, 2016년 시즌2에서는 8명의 안무가가 7개 작품을 선보였다. 안무 경험 없이 시작했음에도 좋은 작품이 많이 나왔다.

그중 세계 무대로 진출한 작품도 있었다. 2015년에 솔리스트 강효형 단원이 안무한 〈요동치다〉는 2016년 슈투트가르트발레단이 주최한 갈라 공연 '넥스트 제너레이션' 행사에 전액 경비를 지원받고 초청

됐다. 〈요동치다〉는 장구 장단에 맞춰 물 흐르듯 유연하면서도 뜨겁게 춤추는 파격적인 모던 발레로 독일 공연에서 동서양의 조화가 절묘하게 이뤄졌다는 평가를 받았다. 이 작품으로 2017년 브누아 드 라 당스 안무가 부문의 후보에도 올랐으니, 점점 더 세계에 이름을 알려나가리라 기대되는 재목이다.

2016년 5월, 나는 그녀에게 국립발레단 무대에 올리기 위한 전막 발레 한 편을 의뢰했다. 그러면서 단 세 가지의 원칙을 부탁했다. 한국적일 것, 스토리가 있을 것, 그리고 지나치게 모던하지 않을 것. 한국에서 만든 작품이라는 정체성이 뚜렷하면서도, 지나치게 실험적이어서 한국 관객에게 너무 큰 거리감이 느껴지지 않는 작품을 올리자는 부탁이었다. 그렇게 탄생한 작품이 바로 창작 발레 〈허난설헌-수월경화〉이다. 조선의 천재 여류시인인 허난설헌의 시들 가운데 주옥같은 작품들을 무용예술로 새롭게 탄생시켰다. 신인 안무가가 창작한 50분의 긴 안무를 무대에 올리는 일은 리스크가 있을지도 모르지만, 나는 이런 도전적인 시도가 없다면 발전도 없을 것이라 생각했다. 2017년에 단장직이 연임되느냐 마느냐의 기로가 있었지만, 내 문제와는 무관하게 이 작품이 차근차근 준비될 수 있도록 했다.

새로운 작품을 연습하는 리허설 현장은 다른 때보다 훨씬 더 활기차고 적극적이다. 몸을 꼰 채로 움직이고, 무용수들이 서로 포개지는 등 까다로운 동작들이 많지만 안무가가 직접 시범을 보이면서 후배와 자유롭게 소통하는 모습이 정말 보기 좋다. 단원들 역시 다음 안무의 주인공은 자신이 될 수 있다는 희망이 있기 때문에 더 적극적이다. 단원들에게 열정을 가지고 무대에 임하라고 백 번 말하는 것보다, 열정을 펼칠 수 있는 무대를 만들어주는 것이 더 큰 도움이 된다는 걸 절감하고 있다.

2017년 7월에 콜롬비아의 보고타 마요르 극장에서 'Korean National Ballet Gala'라는 주제로 무대에 서게 되었는데, 〈허난설헌-수월경화〉가 이 무대에 오른다. 국립발레단의 첫 중남미 진출이고, 한국 발레의 우수성을 알릴 수 있는 좋은 기회다. 단원들이 직접 만들어낸 무대이기 때문에 더 의미가 깊다. 지금은 해외 안무가들을 한국으로 초청해 작품을 가르치고 선보이지만, 이처럼 한국 안무가가 창작한 작품을 수출해 해외 발레단에서 한국 작품을 선보일 날이 더 많아지면 좋겠다. 그날을 위해 매일 '한 걸음씩'의 도전을 멈추지 않을 것이다.

∨∧∨∧∨∧∨∧∨∧∨∧∨∧∨∧∨∧

늘 지금, 여기, 오늘이 가장 중요한 나에게
오늘이 없는 먼 미래의 계획이란 너무도 거창하다.
언젠간 잘될 거라는 믿음은 충만하지만
그렇다고 너무 큰 꿈만 향해 달리면 나도 주변도 지치기 마련이다.
다들 빨리 가야 한다고 생각하지만 꼭 그렇게 하지 않아도 된다.
속도가 빨라도, 느려도 자기만의 강점을 믿고 멈추지 않는다면,
앞으로 내딛는 스텝 하나하나를 자기답게 만들어나간다면,
그걸로 충분하다.

∨∧∨∧∨∧∨∧∨∧∨∧∨∧∨∧∨∧

3

오늘의 강수진이 내일의 강수진에게 말하다

"눈 덮인 들판 길을 걸어갈 때 발걸음 하나라도 어지러이 가지 마라. 오늘 내가 걸어간 이 발자취는 반드시 뒤에 오는 이의 이정표가 될 터이니."

나에게 많은 생각을 하게 하는 구절이다. 나는 다행히도 좋아하는 일을 마음껏 할 수 있는 기회가 주어졌고 그 안에서 스스로를 몰아붙이며 노력하다 보니 지금 이 자리까지 왔다. 그래서 이름도 널리 알려졌다. 그러나 이는 결과일 뿐 목표가 아니었다. 강수진이라는 이름을 알리기 위해 발레를 했다면 오래전에 발레를 포기했을 것 같다.

　예전에는 내 이름을 건 무언가를 하는 일이 무척이나 조심스러웠다. 오늘 내 발걸음이 내일 이 무대에 설 누군가에게는 이정표가 될 수도 있기 때문이다. 발레단을 대표하는 사람으로서 그 책임은 더 막중해졌다. 이제는 이정표의 역할뿐 아니라 나를 따르는 사람들이 도약할 수 있는 발판이 되어주어야 하기 때문이다.

실력에게 기회를 주어야 한다

▲▼▲▼▲▼▲▼▲▼▲▼

예술감독으로서 배역을 정할 때 가장 중요하게 생각하는 것은 누가 캐릭터에 가장 잘 어울리는가이다. 자신에게 맞는 역할을 해야 무용수에게 좋다. 무용수가 자신에게 잘 맞지 않는 역을 맡으면 관객에게 감동을 전하기가 어렵고, 무엇보다 무용수가 제일 힘들다. 그래서 가장 잘할 수 있는 사람에게 기회를 주는 것이 무용단에게도, 무용수 본인에게도 이롭다.

　기회는 사람이 아닌 실력에게 준다는 것이 나의 신념이다. 나이나 서열에 따라 역할을 정하기 시작하면, 무용수들이 자신에게 잘 맞는 역할을 경험할 기회를 놓치게 된다. 군무 무용수로 활동하던 내가 다음 단계로 한 발짝 나아갈 수 있었던 것은, 그간 자신의 자리에서 묵묵히 노력한 한 사람의 발레리나를 발견하고 기회를 준 선배들이 있었기 때문이다. 때문에 나는 성장 가능성이 있으면 누구든 밀어줘야 한다는 믿음이 강하다. 대신 역량에 맞게 밀어줘야 그다음 단계로 올라갈 수 있다고 본다.

무용수들 가운데 주역을 선발하는 일은 예술감독 혼자서 마음대로 할 수 있는 일이 아니다. 각 작품의 저작권을 가진 재단의 관계자나 원작의 안무가, 트레이너 등이 작품에 어울리는 단원을 선발하는 경우가 대부분이다. 나 역시 그 과정에서 단원들의 실력과 가능성 이외에는 다른 어떤 것도 공정한 절차에 개입될 수 없도록 중심을 지키는 것이 중요하다.

국립발레단에는 입단 4개월 만에 주역에 발탁되어 13살 선배 발레리나와 호흡을 맞춰 누구보다도 안정적인 무대를 선보인 단원이 있는가 하면, 한 번도 올라본 적 없는 모던 발레 무대에 첫 주역으로 발탁된 단원들도 있다. 예술고등학교나 해외 발레학교 등의 교육과정을 거치지 않고 혼자 힘으로 오디션에 합격한 경우, 솔리스트 단계를 건너뛰고 바로 수석 무용수로 파격 승급된 경우도 있는데, 이는 무용수의 치열한 노력과 자질을 지켜봤던 단장으로서 감행한 모험 같은 것이었다.

누구에게나 처음이 있다. 그 처음이라는 기회를 주지 않으면 그들이 얼마나 뛰어난 사람들인지 스스로 알릴 수 없게 된다. 하나의 조직이기 때문에 절차와 질서가 당연히 필요하다. 하지만 시간이 지나 서열이 올라가기만을 기다리는 것이 아니라 열심히 하면 누구나 서열에 상관없이 한 단계 성장할 수 있는 기회가 주어진다는 희망을 가지도록 만들어줘야 한다. 자신의 노력과 실력에 대한 보상이 정당하게 주어질 때 단원들은 더 의욕적이고, 조금이라도 더 알고자 눈에서 불이 이는 듯한 열정을 보여준다.

캐릭터와 실력에 맞는 배역 뿐 아니라 내가 한 가지 더 중시하는 것이 있다. 바로 선후배 간의 예의와 존경이다. 자신이 좋은 역할을 맡았다 하여 잘난 척하고 우쭐해한다면 곤란하다. 선배는 경험이 더 많은 사람이다. 또한 후배는 선배의 연륜을 존중해야 한다고 생각한다. 선배 또한 후배에게 예의를 갖춰 대해야 한다. 한두 사람이 예의에 어긋나는 행동을 하면 깨진 유리창의 법칙처럼 나쁜 영향이 전체에 퍼지기 마련이기 때문이다.

관객 앞에서 무용수는 발가벗은 존재나 다름없다. 관객이 없으면 발레도 없기에 무용수는 관객에게 진심을 보여야 한다. 그 속에서 무용수도 성숙하고 발전해나갈 수 있다. 그렇기에 스텝 하나를 잘 밟는 것 못지않게 자신을 공부하는 일이 중요하다. 이는 곧, 좋은 인간관계를 맺을 줄 아는 능력이기도 하다. 재능이 좋아서 좋은 역할을 따는 것도 중요하지만 인간관계가 좋으면 다른 단원들의 도움을 불러일으킨다.

자신감, 자만심, 자부심은 서로 완전히 다르다. 자신감을 갖고 노력해 좋은 결과가 나오면 자부심을 가질 수 있다. 자칫 자만심을 가지면 그때부터는 내리막길이다. 후배들이 자만심을 가보이면 따끔하게 혼을 내는 이유는 바로 그 때문이다. 성장에 가장 큰 걸림돌이 바로 자만심이다.

성장을 이끄는 말은 때론 아프다

▲▽▲▽▲▽▲▽▲▽▲▽▲▽

사람들이 무대 위 무용수들의 화려한 동작을 올려다볼 때 무대 뒤에서 눈에 불을 켜고 무용수들을 노려보는 사람들이 있다. 바로 안무가와 발레마스터, 트레이너들이다. 그들은 작품 리허설 전에 준비 운동인 클래스를 함께하면서 무용수들의 몸 상태와 습관적인 동작 미스 등을 점검할 뿐 아니라, 리허설 장면을 녹화하여 무한 반복해 살펴보면서 동작 하나하나를 작품에 맞게 교정해주는 일을 한다.

예술감독 역시 그 일에서 자유로울 수 없다. 나는 웬만하면 발레단 클래스에 참여하는 편이다. 이 무대 하나만을 위한 것은 아니고 좀 더 장기적인 관점에서 단원들을 챙겨야 하기 때문이다. 바를 잡고 하는 클래스에서는 함께 트레이닝을 하면서 단원들을 지켜보고, 센터에서 하는 동작들은 놓치지 않고 하나하나 유심히 살펴본다. 고칠 부분이 생기면 그 자리에서 바로 교정을 하기 위해서다. 부담스러울 것 같지만 꼭 그렇진 않다. 늘 하는 연습일수록 늘 하는 실수가 더 자연스럽게 나타나기 때문에 그 자리에서 언급해주는 것이 훨씬 큰 도움이 된다. 때로는 같이 손을 잡고 스텝을 하기도 하고, 몸 이곳저곳을 만지고 붙들면서 함께 동작을 하기도 한다. 이렇게 단원들과 함께하며 이들의 특성을 세세하게 알고 있어야 더 조화로운 무대를 만들어나갈 수 있다.

지금은 다들 익숙해졌지만, 처음에 단장이 되어 단원들과 개별 면담을 하면 대부분 울고 나갔다. 아니, 왜 우는 거지? 내 화법이 조금 직설적이어서 그럴까? 돌려 말하지 않고 곧이곧대로 개선점을 지적하다 보니 후배들이 쉽게 상처받곤 했다. 후배의 성장을 바라는 순수한 마음에서 한 말이긴 하지만 유난히 아파하는 단원들도 있다. 하지만 나로서는 지적하지 않을 수 없다. 그냥 눈감으면 모두가 마음 편하지만, 성장은 더디기 때문이다.

나 역시 따끔한 지적에 많이 아팠고, 그만큼 성장했다. 슈투트가르트발레단의 리드 앤더슨 감독님은 처음에 나를 많이 울리셨다. 감독님에게 지적을 받으면 속상했다. 하지만 돌아가서 곰곰이 생각해보면 나에게 약이 되는 이야기였다. 내 발레, 함께하는 공연을 한발 더 나아가게 하는 조언이었다.

나중에는 감독님에게 정말 감사한 마음이 들었다. 프로페셔널의 세계에서 실수를 한 사람은 배제되는 경우가 많다. 그의 성장을 위해 진심으로 대화해주는 사람은 무척 드물다. 앞에서 솔직하게 말하는 것은 상대의 성장에 도움이 된다. 나는 여태까지 함께 작업한 모든 파트너에게 늘 직설적으로 내 의견을 말했다. 선후배를 가리지 않고 평등한 대화를 하기 위해 노력했다. 나를 오래 겪은 사람들은 진정성 있는 조언이라는 것을 잘 알기에 큰 상처 받지 않고 내 말을 받아들였다. 그게 도움이 되었다고 하는 사람도 많았다.

국립발레단 단원들이 내 성격을 받아들이는 데는 시간이 필요했다. 아주 사소한 것까지 솔직하게 피드백을 받으면 낯설고 충격적이고 아프기 마련이다. 고통스러운 피드백과 그에 잇따르는 성장에 익숙해진 단원들이라 이제는 내 조언을 감정적으로 받아들이지 않고 객관적으로 수용하는 편이다. 물론 일을 하다 보면 노력하는 것만큼 잘 안 될 수 있고, 불공정하다고 느낄 수 있다. 그래서 후배들이 찾아와 터놓는 불만도 언제든지 진심으로 들어준다.

조언을 받아들이는 데 시간이 걸리는 단원들도 있다. 그러다가도 1~2년 후에 찾아와 감사하다고 말하기도 한다. 성장은 자신의 부족을 인정하는 순간부터 시작된다. 자신이 부족하다는 것을 받아들이는 것은 각자의 몫이다.

서로를 알아가는 거친 시간이 지난 지금, 단원들과 나는 서로에 대한 깊은 이해로 자리 잡아 작업이 더 즐겁고 수월하다. 하나의 팀이 되기 위해서는 아직도 많은 노력이 필요하다.

후배들에게, 강수진을 뛰어넘어라

▲▽▲▽▲▽▲▽▲▽▲▽

나는 내가 무대에 설 때보다 단원들의 성장을 지켜보는 일이 더 즐겁고 행복하다. 한 작품을 무대에 올릴 때마다 단원들이 모여 리허설을 하는데, 후배들의 이해를 돕기 위해 내가 직접 시범을 보인다. 단원들이 자신이 몰랐던 것을 깨치고 한 단계 도약하는 것을 볼 때 느끼는 희열은 말로 다 하지 못한다. 무대에서 즐기며 발레를 하는 후배를 바라보는 기쁨은 상상해왔던 것 그 이상이다. 함께 연습할 때 단원들의 눈에서 불꽃이 튀고 배우고자 하는 의욕이 넘친다. 단원들과 작품을 하면서 굉장한 에너지를 얻는다. 아무리 피곤해도 주고받는 에너지에 힘이 난다.

나는 그저 앞서 태어난 사람일 뿐, 이들에게 '강수진 키즈'라는 굴레를 씌우고 싶지도 않다. 이들은 스스로의 힘으로 성장하고 있다. 그래도 내가 할 수 있는 역할이 있다면 그 성장을 도와 나를 뛰어넘도록 만드는 것이다. 후배들이 한국 발레를 이끌어가도록 앞에서 끌고 뒤에서 밀며 자신감을 불어넣는 일이다. 발레단이 언제나 첫 번째고, 나는 두 번째다. 나는 국립발레단의 성장 외에는 아무것도 바랄 것이 없다. 그 목표를 위해 사심 없이 나를 완전히 태울 것이다.

다행히 머릿속에 세워둔 계획과 열정을 모두 쏟아낼 수 있도록 2017년

에 국립발레단 단장직 연임이라는 기회가 다시 한 번 주어졌다. 최고의 발레리나와 발레리노가 만나도 최악의 공연이 될 수 있는데, 국립발레단의 멤버들 하나하나가 의지를 가지고 모든 작품에 임하고 있고, 드림팀다운 팀워크를 보여주고 있다. 내가 '하자'고 했을 때 무용수와 스태프 누구 하나 불평하는 일 없이 믿음을 가지고 호흡을 맞춰주었다. 한 번 더 기회가 주어졌으니, 목표를 향해 흔들림 없이 나아가고 싶다.

나 역시 발레리나로서 오랜 시간을 걸쳐 나만의 한 걸음 한 걸음을 만들어왔다. 발레단 역시 시간이 조금 더 걸리더라도 안에서부터 기반을 튼튼하게 다져놓아 어떤 어려움에도 쉽게 무너지지 않도록 만들고 싶다. 그런 의미에서 단원 한 명 한 명, 발레단 전체가 성장하고 있는 모습에 무척 감사할 따름이다. 이들에게 더 많은 것을 배우도록 기회를 주면서 그것에 몰입할 수 있도록 도울 것이다. 발레를 위해, 단원 한 명 한 명 모두의 성장을 위해 아낌없이 남김없이 주는 나무가 되고 싶다.

나는 오늘도 그들과 또 다른 한 걸음을 내딛고 있다.

▲▽▲
▽▲▽

강수진의 Ver. 2

▲▽▲▽▲

새로운 삶의 리듬

▲▽▲▽▲▽▲▽▲▽▲▽▲▽

나의 인생 2막은 다시 이곳, 나의 고국, 한국에서 시작되었다. 툰츠의 적극적인 응원에 힘입어 한국 발레를 위해 헌신하고자 2014년 고국으로 돌아왔다. 한국에 온 지 이제 4년 차. 어느새 남편이 나보다 한국을 더 좋아하게 되었다. 외국에 있을 때면, '김치찌개 먹고 싶다, 빨리 한국 집에 가고 싶다'고 한다. 그러나 처음부터 모든 일이 평탄하게 흐르지만은 않았다.

사실 초기에는 남편 툰츠가 한국에 적응하는 데 큰 어려움을 겪었다. 국립발레단 단장을 맡은 첫 3개월 동안, 너무 바빠서 집 앞 편의점에서 주먹밥과 샌드위치만 사 먹었더니 툰츠의 건강이 급격하게 악화됐다. 내 나라도 아니고, 언어도 안 통하는 곳에서 지내기가 답답해 툰츠는 저녁이면 아파트 앞 편의점에서 소주를 사 마셨다.

그러자 갑자기 한 달 만에 15kg이나 빠질 만큼 건강이 악화됐다. 한국에서 안 가본 병원이 없을 정도로 병원에 다녔다. 아픈 툰츠를 지켜보는 내 마음 역시 지옥이었다. 내가 모나코로 유학 가서 적응하는 데 2년이 걸렸고, 독일에서 발레단에 정착하는 데 2년이 걸렸다. 툰츠도 한국에 적응하느라 2년을 극심하게 고생을 했다. 그 2년을 묵묵히 보내고 나니 툰츠도 한국에 완전히 적응했다. 이젠 한국이 제일 좋다고 한다. 국립발레단에서 게스트 발레마스터와 어드바이저로 헌신하는 툰츠는 한국도, 한국 음식도, 한국 무용수들도 무척이나 사랑한다.

툰츠가 한국에 적응하고 나니, 이번엔 내 몸이 고장 났다. 30년 넘도록 하루 4시간도 안 자고 살았지만, 큰 병 없이 살아왔다. 잠이 부족해 졸리다가도 연습에 열중하고 무대에 오르면 잠이 깨끗이 달아났다. 그러나 현역 발레리나를 은퇴하자 그 균형이 깨졌다. 은퇴 공연이 끝나면 잠도 실컷 자고 취미도 한두 개쯤 생길 줄 알았는데, 한동안은 좋은 선생님, 탁월한 예술감독이 되어야 한다는 생각에 자기 직전까지 일에 대한 생각을 떨치지 못하는 날들이 이어졌다.

발레단 경영은 몸보다는 머리를 쓰는 일이다. 잠은 그대로 적게 자는데 운동량이 현격히 줄어드니, 몸이 적응하지 못해 쉽게 피로해졌다. 의사는 카페인을 줄이고 잠을 더 자야 한다고 강력하게 권했다. 요즘은 신생아처럼 잠자는 연습을 하고 있다. 하루 7시간은 자보려고 부단히 노력하는 중이다. 새로운 삶의 리듬에 적응해가고 있다. 이렇게 내 몸의 알람을 조금씩 바꾸고 있다. 지난 50년간 모르던 또 다른 나를 배우고 있다.

여전히 단 하루뿐인 오늘

30년간 발레를 하면서 수천 번, 수만 번 넘어졌다. 무대에서 넘어지고 부상을 입어도 웃으면서 일어나지 않으면 안 되었다. 이건 애잔하고 슬픈 일이 아니다. 다시 일어나지 않으면 삶은 이어지지 않는다. 살면서 잘한 선택도 많았지만 돌이켜보면 왜 그런 선택을 했는지 후회되는 일도 많다. 그럼에도 지금 이 자리에 서 있는 이유는, 지금 포기하지 않으면 어느 순간 꿈은 손끝에 닿아 있다는 것을 단 한 번도 의심하지 않았기 때문이다.

어떤 사람은 내가 최고의 발레리나가 되기 위해 내 인생을 포기했다고 말한다. 하지만 오해다. 나는 발레를 위해 내 인생을 포기한 것이 아니다. 발레를 하는 내내 행복했다. 발레가 나 자신이고 내 인생이기 때문이다.

내 나이 만 50. 무용수로서의 반세기를 접고 새 반세기를 시작하는 셈이다. 자랑스럽고 행복한 은퇴를 했고, 내가 즐겁고 행복한 일을 마음껏 해내가고 있다. 홀로 달빛 아래 외롭게 연습하던 열여섯의 강수진은, 부상으로 인해 절망하던 서른둘의 강수진은 먼 훗날 자신이 국립발레단의 단장이라는 자리에 서게 될 줄 과연 알았을까? 그야말로 인생은 상상도 못한 놀라운 일의 연속이다.

예기치 않은 사건이나 돌이킬 수 없는 실수와 마주쳤을 때 과거에는 그것이 늘 두렵고 당황스러웠다. 하지만 나는 묵묵히 견뎌냈고 어려움 속에서도 즐거움을 찾아왔다. 나이가 들어보니 이제 똑같은 어려움이 찾아와도 미소 지을 수 있는 여유가 생겼다. 나이 드는 것이 이토록 행복한지, 예전에는 몰랐다. 나이 든다는 것은 살아가는 그 자체, 과정을 즐길 수 있는 여유가 생긴다는 것이었다. 그 순간은 힘들더라도 후회 없을 만큼 온 힘을 다해 이겨낸다면 더 나은 미래가 펼쳐질 것이라는 믿음, 또 다른 어려움이 찾아와도 미래의 나는 더 잘 헤쳐나갈 수 있을 것이라는 믿음이 생겼다. 그만큼 나를 더 믿고 사랑하게 되었다.

내가 나를 사랑하며 행복하게 살 수 있도록 아낌없이 응원을 보내준 분들께 감사 인사를 보내고 싶다. 독일에서 발레리나로 활동할 때도, 예술감독으로서 한국에 돌아왔을 때도 잊지 않고 '대한민국이 낳은 자랑스러운 발레리나'로 응원해주신 많은 분들께 감사드린다. 내 나라는 언제나 나에게 따뜻한 사랑을 보내주고 응원해주었다. 한국에서든 독일에서든 공연할 때마다 공연장을 가득 메워주셨다. 앞으로도 나는 대한민국의 발레리나, 대한민국의 예술가로서 대한민국의 발레를 위해 힘쓸 것이다.

사진 출처

Bemd Weissbrod 234, 239

Gundel Kilian 14, 74, 78, 80, 98, 99, 116, 117, 124, 125, 180, 184, 250, 254

Stuttgart Ballet 18, 238, 306

Tom Caravaglia/Prix de Lausanne 56

강수진 소장 31, 39, 42, 50, 62, 104, 198, 208

박상훈·국립발레단 제공 8

이의정 118, 136, 170, 171, 188, 212, 240, 274, 276

하지영 23, 70, 110, 144, 146, 156, 192, 222, 226, 244, 245, 246, 268, 292, 296

한 걸음을 걸어도 나답게

초판 1쇄 2017년 7월 26일
초판 7쇄 2023년 3월 9일

지은이 | 강수진

펴낸이 | 문태진
본부장 | 서금선
편집1팀 | 한성수 송현경 유진영
정리 | 김현정
디자인 | ZINODESIGN 이승욱

기획편집팀 | 임은선 임선아 허문선 최지인 이준환 이보람 이은지 장서원 원지연
마케팅팀 | 김동준 이재성 문무현 박병국 김윤희 김혜민 이지현 조용환
디자인팀 | 김현철 손성규   저작권팀 | 정선주
경영지원팀 | 노강희 윤현성 정헌준 조샘 조희연 김기현 이하늘
강연팀 | 장진항 조은빛 강유정 신유리 김수연

펴낸곳 | ㈜인플루엔셜
출판등록 | 2012년 5월 18일 제300-2012-1043호
주소 | (06619) 서울특별시 서초구 서초대로 398 BnK디지털타워 11층
전화 | 02)720-1034(기획편집) 02)720-1024(마케팅) 02)720-1042(강연섭외)
팩스 | 02)720-1043   전자우편 | books@influential.co.kr
홈페이지 | www.influential.co.kr

ⓒ 강수진, 2017

ISBN 979-11-86560-47-1 (03320)